鋼 之 流 采

郭常喜之摺疊花紋鋼鑄劍技藝

林智隆・陳鈺祥編著

文史哲出版社印行

國家圖書館出版品預行編目資料

> 鋼之流采：郭常喜之摺疊花紋鋼鑄劍技藝 /
> 林智隆,陳鈺祥編著. -- 初版. --臺北市：文
> 史哲, 民 97.12 印刷
> 　頁：　公分
> 參考書目
> ISBN 978-957-549-753-8 (平裝)
>
>
> 1. 古兵器 2.鑄工 3.鋼鐵工
>
> 793.62　　　　　　　　　　　　96023239

鋼　之　流　采
郭常喜之摺疊花紋鋼鑄劍技藝

編　著　者：林　智　隆　・　陳　鈺　祥
監　　　製：郭常喜・郭常喜兵器藝術文物館
出　版　者：文　史　哲　出　版　社
http://www.lapen.com.tw
登記證字號：行政院新聞局版臺業字五三三七號
發　行　人：彭　　　　正　　　　雄
發　行　所：文　史　哲　出　版　社
印　刷　者：文　史　哲　出　版　社
臺北市羅斯福路一段七十二巷四號
郵政劃撥帳號：一六一八○一七五
電話 886-2-23511028　・傳真 886-2-23965656

實價新臺幣九○○元

中華民國九十六年（2007）十二月一日初版
中華民國九十七年（2008）十二月 A5（BOD）再版

鋼之流采

── 郭常喜之摺疊花紋鋼鑄劍技藝

目　　錄

前　　言

　　自從五十萬年以前，遠古人類已知用火的開始，隨著時間的演進，冶煉鑄造的技術逐漸日新月異。中國自古以農立國，經濟的發展主要呈現在農業之上，其中「鐵器」可以說是古代生產力發展的重要標誌。根據考古的發現，春秋時期在今湖南地區已經有鐵器的出土，當時的鐵器用途十分地廣泛，是大多數農民不可缺少的工具，所以專門生產鐵器的「打鐵業」，於是開始蓬勃發展，這一系列的發展過程，演化成一部中國的科技文明史。

　　本研究的主題為—「鋼之流采」，談論的是摺疊花紋鋼的鑄造技藝，花紋鋼製作技術相當難以傳承，主要是因為鍛鋼工作者須有長時間且紮實的鍛造技術，才能夠執行。關於花紋鋼的記載，在東漢時代，曹丕《典論‧劍銘》載：

> 周魯寶赤刀孟勞、雍狐之戟、屈盧之矛、孤父之戈、楚越太阿純鈞、徐氏匕首，凡斯皆上世名器。君子雖有文事，必有武備矣。余好擊劍，善以短乘長，選茲良金，命彼國工，精而煉之。至于百辟，其始成也，五色充鑪，巨橐自鼓。靈物髣髴，飛鳥翔舞，以為寶器九。劍三：一曰飛景、二曰流采、三曰華鋒。刀三：一曰靈寶、二曰含章、三曰素質。匕首二：一曰清剛、二曰揚文。露陌刀一：曰龍鱗。因姿定名，以銘其柎，

工非歐冶子，金非昆吾，亦一時之良也。銘曰：惟建安廿有四載，二月甲午，魏太子丕造百辟寶劍三，長四尺二寸，重一斤十有五兩。淬以清漳，屬以礪，飾以文玉，表以通犀，光似流星，名曰飛景；其二名流采，色似采虹，長四尺二寸，重一斤十有四兩。魏太子丕造百辟寶刀三，其一長四尺三寸六分，重三斤六兩，文似靈龜，名曰靈寶。其二采似丹霞，名曰含章，長四尺三寸三分，重三斤十兩。其三鋒似霜，刀身劍鋏，名曰素質，長四尺三寸，重二斤九兩。[1]

以上曹丕所製作的九項兵器，皆以鐵碳合金多層積疊重複鍛打或以百辟千灌法製造之。郭常喜先生自小即隨父親沈浸在刀劍世界中，退伍返鄉後，歷經不斷的粹練，並遠赴日本學藝，結合中日現代科技，重建中國刀劍文化，將鍛鑄刀劍的天巧神工，發揮的淋漓盡致，甚至研究所有的兵器史書和蒐集歷史資料，讓戰國時期失傳已久的傳統鑄劍法積層花紋鋼鑄劍，重新出現在世人眼前，如此凌駕傳統技藝又能獨創一格，重新迸發鐵器亮麗的生命，真可謂是「鋼之流采」。

在浩瀚的歷史文字中多的是王室的家譜和其政權的興替，而真正占有絕大多數的歷史活動之民間百態卻鮮少記載，其中與人們生活息息相關的鋼鐵工具業，

在浩瀚的歷史文字中多的是
王室的家譜和其政權的興替

---

1 曹丕，《典論》，〈劍銘〉。

便一直是建立文字歷史
的學者們所輕率忽略，
人類自進入鐵器生活以
來，無論是聚落的形成
或鄉村都市的發展，幾
乎都與鐵器工具的利用
進程密不可分，因此，

鋼鐵工具生產與打鐵舖設置之重要性，當然就不可言喻了，
由人類物質的文明之發展過程中，我們很容易發現，每一時
代軍事科技的成就，幾乎就是當代尖端科技的代表，亦即兵

器製作的能力，正是當
代科技文明的櫥窗，今
天亦然，因此，若欲探
究歷朝歷代真正之文明
程度，社會價值以及文
化特質，若能從其兵器
製作之技藝及其形制裝
置著手，將是一條捷
徑。

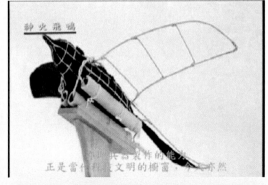

　　而自漢而後中國歷
朝歷代冷兵器其鋼刃幾
乎都是所謂的「百煉
鋼」，即多層摺疊鋼，又
由於刃面因鋼料含碳量
之不同而產生自然多變

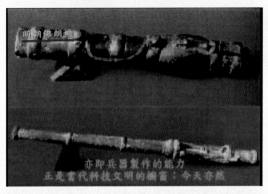

的花紋，因此又稱積層鋼或花紋鋼，而今日這一項傳統鋼刃

潛艦飛彈

因此，若欲探究歷朝歷代真正之文明程度
社會價值以及文化特質

IDF戰機

的主流技術卻只有茄萣鄉郭常喜師父仍堅持使用，且精益求精榮獲各界激賞外，更獲得國家專利通過，同時亦成立郭常喜兵器藝術文物館，使得中國兵器文化再現光芒，該館不僅具有觀賞價值，更具教育功能，可以實地了解傳統鑄劍藝術及鋼鐵緞造的過程，使刀劍文化藝術得以在臺灣發光、發亮。本書將藉由郭師父的實際操作，來傳授中國固有的打鐵文化。

郭常喜兵器藝術文化館　館長

林　智　隆　2007/11/16

第一章　鍛造工具介紹

　　花紋鋼製作技術之所以難得承傳，主要是因為鍛鋼工作者須有長時間且紮實的鍛造技術，才能夠執行，首先來認識傳統打造刀劍之基本工具。

郭常喜　師父：

　　我們以前在打的鐵的時候，是用種開嘴爐以及使用這種風鼓在拉的，大概在我孩童時期，我爺爺那個時代就開始用這種工具在打鐵，但是用開嘴爐在做,另外爐為何是開開的？就是我們在黏鋤頭、黏手耙啦，可以在此「起落」。

開　嘴　爐

鍛造工具介紹

我們以前在打鐵的時候，是用這個開嘴爐
是用這個風鼓在拉的

　　再來就是這個洞，留這個洞就是為了放東西，一些工具
一些有的沒的，都可以放在這地方，它比較特殊的地方就是
在於在這邊有留一個火路，就是它這個爐內，雙邊有爐渣，
那現在旁邊這兒打氣裡面空空的情形下，氣就會從這上來，
那這邊有兩個洞的好處，一是氣會從這上來，二是髒東西會

直接從這兒掉
下去，那如果
灰塵從這兒掉
下去滿了的
話，從另一邊
有一個洞可以
掏灰塵、掏沙
子出來，因為
時間久了，這

火　路

鍛造工具介紹

就是它這個爐內，雙邊有爐渣，那現在旁邊
這兒打氣裡面空空的情形下，氣就會從這上來

裡面會滿起來，這個洞就可以掏出來，在以前的打鐵就是這樣。

鍛造工具介紹

掏塵孔

有一個洞可以掏灰塵、掏沙子出來

接著介紹夾子。打鐵業的夾子也有分好幾種，像我手上這種是尖夾，尖夾的嘴口爲什麼尖尖的？因爲我們要夾這個東西，這個管如果打好，這個刀如果打好，這個管圓圓的，那我們現在要打這個頭，我們現在就要用這個夾著對不對？

這樣才夾的進去，出來的時候才能打。再來就是如果我們夾菜刀，那菜刀的夾子就和那不同，要在中間做一個窄窄的像這樣。現在菜刀的刀根如果打好的時候，就

尖　夾

鍛造工具介紹

我們現在就要用這個夾著對不對？這樣才夾的進去

像這樣夾著，夾著刀根再來打這把菜刀，這樣才夾的住，這夾子，就是這樣，在夾菜刀的。

再來這是扁夾，為什麼這個扁夾做好之後，前面這邊會像這樣轉過來？就是讓你現在夾這個東西，像這樣夾著，連旁邊也會一起壓著，這樣在打鐵的時候比較不會跳起來，也比較不會去傷到人。

圖上為扁夾的使用方法

我們打鐵舖的每一項工具，都有它不同的用途，像這隻夾子，它為什麼要設計成如此勾過來的？就是因為它的用途是要夾斬刀，在夾起來的時候，還有在打鐵的時候比較不會

跑掉，這支斬刀比較不會跑掉，所以我們在打鐵的時候，看我們是要包鋼，還是說什麼東西要切斷、斬斷，都會使用這支夾斬刀的夾子。

　　至於打鐵的鐵搥其形狀為何如此呢？這是因為打鐵的時候所使用的平面，像要敲平菜刀，那像說菜刀要打的時候是燒的紅紅的，前面的這個地方就是要把它打寬的像一把菜

刀，我們要這麼寬用這端敲打開來後，再把鐵搥翻過來，我們再把它敲平，所以這個小搥子就是這個用途。

敲平菜刀

像菜刀要敲平
那像說菜刀要打的時候是燒的紅紅的

打寬菜刀

前面的這個地方就是要把他打寬的像
一把菜刀我們要這麼寬用這端敲打開來後

　　那這隻大形的鐵搥子也是如此一般地，這個平面就是我們要敲平的時候，就會用這一面，如果說是菜刀要打寬，就是用這一面去敲，那還有一種就是敲三下，前面這邊是一樣的，可是在另一面的話就要翻過來，就像這樣像這種的話，三個人的時候，就是一個人站在這邊，站在這邊的人拿的這

支搥子，前面的頭就要翻過來，然後站在這邊打，那另一個拿對面搥的就是站到這邊打，以前就是有這種敲三下，敲的時候轉的方向是不一樣的。

大形鐵鎚敲平菜刀

跟這個大搥子也是一樣像這樣
這個平面就是我們要敲平的時候

大形鐵鎚
敲平菜刀

那還有一種就是敲三下
前面這邊是一樣的，可是在另一面的話

　　我們剛剛介紹的算是古早爐，那現在要講的算是民國六十年代的東西，六十年代的時候已經比較進步了，已經有一個像這樣的砧板了，跟以前那種只有一個東西的已經不一樣

了，這個砧板叫做角砧，這個角砧的用途相當的多，像邊這個圓的，如果我們有要敲圓的東西，就要在這邊敲，那像這邊這個可以代替那個也是一樣，可以敲圓的，我們多黏這個的用處就是說，當我們東西做好的時候，我們如果要摺管，摺完後不太圓，就可以直接在這邊摺圓一點，不用又繞到另一邊去，那這個就是在摺圓的，摺這種圓度的管。

角砧

跟以前那種只有一個東西的已經不一樣了
這個砧板叫做 角砧

摺管

我們多黏這個的用途就是說
當我們東西做好的時候

摺圓

我們如果要摺管，摺完後不太圓
就可以直接在這邊摺圓一點

　　然後另一個東西這叫斬刀，因為以前在打鐵還要有另一個人站在旁邊幫你敲幫你拿斬刀，但是現在不用了，因為現在我們自己在用斬刀，就像我們在打菜刀時打好，還要打這個刀根，就可以直接在這邊打，打到一個刀根出來，然後就這樣打，看是打什麼東西，就是都在這邊，這叫斬刀。

斬刀

幫你拿斬刀，但是現在不用了
因為現在我們自己在用斬刀

　　然後如果有比較薄的東西，要剪的就是用這個剪刀，這是可以剪東西的，這就是之後的剪刀，像以前就一定是要有另一個人幫你，你才能剪東西，現在都可以不用了，只要用這個剪刀代替即可，然後用這個斬刀，就是說在過去的時候，打鐵一定要兩個人，可是到了現在打鐵已經不用兩個人了，就只要這些工具都準備好，自己一個人就可以操作了。

剪刀

　　我們到了六十年代的時候，就跟以前不同，為什麼我們要把這個爐遮起來？因為我們在操作的時候，比較不會讓焦炭灰整個沾到操作者的身上，讓操作者全身都髒兮兮的，這是其一，就是為什麼要把炭爐蓋起來的原因。其二就是這邊有風鼓在吹，以前我們是用拉氣的，而到了六十年代，我們就沒有用拉氣的，我們就是用這個風鼓在打氣，就是自動的，自動打氣。

炭爐加蓋

電動鼓風

那這個爐隙，以前是中間有一個洞，現在變成有三個洞，那是由於到了六十年代，因為以前舊的爐隙，如果時間久了，會卡住，炭渣難清理會清不出來，那到了這個年代，到了六十年代的時候，我們覺得這樣不太理想，裡面就用兩支鐵管，讓它可以循環，在後面的地方有一桶水，有一桶水在後面的地方，用兩條管子，一條進去，進的是冷的，一條出來，出來的就是熱的，讓它可以循環，炭渣比較不會卡住，也比較好清理。

爐隙　　　　　　　　循環水管

直到今日，科技的進步所以發明了機械式的打鐵器具，它主要是用彈簧的原理，也就是說，如果我們在這邊把鐵燒紅到了這裡，可以代替人力，幫你完成打鐵，讓你可以比較輕鬆，比較不用那麼辛苦。

所以到了民國六十年代，我們就開始使用這彈簧大錘，打刀啦什麼的，就都是用這台，那麼這個爐，就是跟以前的爐，都不一樣了，我們那天在那邊打的，就是到七十年代之前都

是用那種彈簧大鎚在打，現在我們經過了八十年代，到了九十年代，我們就都是使用電動的，算是電動打氣的，這個快又有力，也比較不會故障，所以之後的人就都是用這種的，但是用這個之後，因爲現在打鐵已經落伍了，一些年紀較大，老了之後就都不做了，所以這個機械，其實也很少人用了，要買也很難買，因爲這很貴；現在都是用這個了。

　　現在我們在烤的這個就是叫做焦炭，焦炭就是生炭沒燒完留下來的，那些留下來的就叫做焦炭，因爲這些炭比較硬，在燒的時候比較不會燻，鐵馬上放進去就馬上會考紅，這就是焦炭，現在我們下去烤，烤久了，鐵放進去時它裡面有這些，就是鐵和焦炭的雜質，烤完時會掉落到爐底，這些都是沒用的，就都會掉落到爐底，都是浪費掉的，不能用的，這些就叫做鐵渣、炭渣。

鍛造工具介紹

焦炭二

留下來的，那些留下來的就叫做焦炭
因為這些炭比較硬

鍛造工具介紹

鐵渣、炭渣

都是被費掉的，不能用的
叫做鐵渣、炭渣

第二章　鐵鍊成鋼

　　上一章所介紹的是打鐵業所倚賴之重要工具，接下來要介紹的是「鐵鍊成鋼」。鐵經鍛打焠鍊之後，即能變成堅硬的鋼，以下是郭師父的示範。

郭常喜　師父：

　　我們以前的鐵，沒有現在的這麼好，所以我們現在，把鐵都打好之後，把生鐵放到裡面，將它包起來，包起來之後就要放進到爐子裡，把它打到相黏，以前的意思是：「一日三煉，三日九煉，九煉成鋼。」[1]那我們現在這個東西，算是已經打好，已經包好，現在就是接縫的地方要塗上黏土，為什麼要黏上黏土呢？就是因為意思就是在接縫的地方，用土把

---

1 郭常喜師父經常引用的名言。

它塞上，再進爐子去烤。

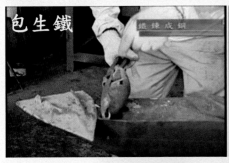

　　接著烤到讓它整個軟掉紅掉，讓鐵跟生鐵都差不多融化，就像現在這樣，讓它融化，之後讓它融到差不多，我們會觀察它的火色，讓它差不多可以，也不能過頭，然後再夾出來打，打到鐵跟生鐵都包在一起、黏在一起，這就是要打的讓鐵跟生鐵黏在一起的，因為鐵本身是軟體，那再加上生鐵打在一起之後，就讓它變成一種硬體。

　　那這個硬體打好了之後，就可以開始打造出一種工具，看是要打宋江陣的兵器或是家庭菜刀，都是可以的。那宋江陣的兵器是如何打造的？我們現在就開始來做一件宋江陣其中的一種兵器，屬於排刀類，排刀就是兵士一手持牌，一手拿刀。因為牌，在從前戰爭當中，牌就算是要拿來擋自己的身體，以防被對方殺到，那排刀是要拿來殺對方，就是說拿牌擋完後可以拿排刀去刺，這就是以前的一種武器，那現在的鐵我們就是開始融，融完後就要開始打，它所需要的是「一日三煉，三日九煉，九煉成鋼。」那現在打好的時候，像以前就不是用機械都要手工來打，那我們用手工在打，一開始在打的時候，因為怕鐵漿我們敲的太大力的時候，怕鐵漿位置會跑掉，鐵就不能黏在一起，所以我們一開始在打的時候，一定就要打小力一點，打小力的原因就是因為要保持鐵漿不要讓它漏掉，然後等我們小力的打，打到它裡面的鐵都黏在一起固定了，我們才會開始打大力，就像這樣輕輕的打，就是為了要讓鐵漿位置不要跑掉，一直打到完全相黏在一起的時候，才開始打大力一點，因為在打的過程中，我們旁邊要打的原因是，就是要打到都相黏在一起，才可以開始做下一

個步驟，那像剛剛就是把它打開之後，現在再打進來，就是把它打進來、打出去，讓它可以均勻的和在一起，讓硬的跟軟的可以和在一起，這樣東西打好之後，才會堅硬。

一起輕力敲打，避免鐵漿位置跑掉。

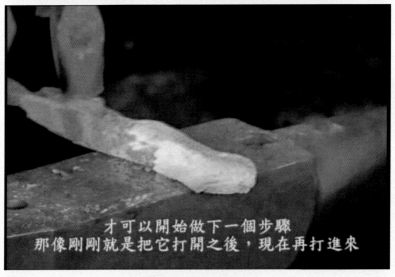

才可以開始做下一個步驟
那像剛剛就是把它打開之後，現在再打進來

側邊也需敲打。

　　那像是在宋江陣裡頭，所要使用的排刀，在鍊打完好之後，因為現在在宋江裡面，都要對打，需要比較不會歪掉的兵器，所以都會比較有硬度跟韌度。那像這個一塊都已經煉好，那煉好之後你要先去打它的刀根，算是手把的地方，那在鐵紅的時候，就是隨便我們打了，因為鐵還沒紅的時候，就是硬梆梆的，你用牙齒也咬不下去，但如果紅的話，我們要它長就長，要它寬就寬，要它扁就扁，隨便我們去搓圓捏扁，隨我們自己的心意去做，那這個就是燒紅的刀根部份剛做好要裝柄，那要裝的這根柄要先燒洞，那等我們這個排刀打好，就打它裝進去就好，不用再花一次功夫，去重燒，我們算是一會比較省工，二是大小也會比較標準。

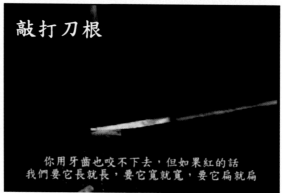

敲打刀根

你用牙齒也咬不下去，但如果紅的話
我們要它長就長，要它寬就寬，要它扁就扁

刀柄燒洞

那這個就是燒紅的刀根部份剛做好
要裝柄，那要裝的這根柄要先燒洞

　　接著像這一步驟就是開始時，已經將此部份做好，後面的這部份，如果是在古早以前，鐵舖會爲了省鐵，就直接打尖，但因爲現在爲了省工，就直接用剪的，用鐵剪刀先把形體剪出來，然後再打，這樣會比較快比較簡單，也比較好工作，那現在打好，雖然說是用機械打好，但還是用手工，將它打直、打平，這樣我們會比較好工作，那像我們這樣打，如果有哪邊有突出來的地方，我們就再用剪刀再修過，把刀的形體修出來，大小等等，所以我們現在修完後，還要再用手工去打，把它打平、打好。

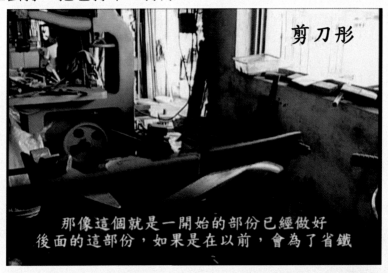

剪刀彤

那像這個就是一開始的部份已經做好
後面的這部份，如果是在以前，會爲了省鐵

　　因爲現在有一些鐵器，像是宋江陣的兵器，也是有人在做這裡面的器其也是有人在做，很多人在做，但是他們現在一般在做都是把料買來，然後用薄薄的、磨一磨，但是那都不是實用，都是好看而已比較不實用，那因爲我們用手工打的，它的大小、寬窄、厚薄，都要分的清楚，那它的刀根用打的，它的根頭會比較大條，打好、打平後，就拿來這邊磨，磨亮及磨平。

磨亮及磨平

打好、打平後，就來這邊這個磨亮
磨平，這個磨的步驟，以前不是用磨的

　　這個磨的步驟，以前不是用磨的，都是用搓的，用削的，打平、打亮後，再用削刀手工削出刃來，現在因為時代比較進步，我們打好之就用火石，用砂輪機去磨，磨平、磨好之後，形體打好，形體也是用磨的，磨好之後第一比較快,第二比較省工，現在磨好之後，因為有時候燒，容易變形歪掉，我們現在就要把它整直整平一點，現在像這樣，火石磨好，我們就來這邊磨平、磨亮，現在就是在磨亮，磨到刀刃部份會亮亮的、白白閃閃的，這樣子，之後就是我們這個護手墊片，要打成微弧形，因為打成微弧形就是要讓柄裝上去時在

打的時候，才會有這聲音出來，會增加那種，像是整陣的宋江陣在喊的時候，比較有聲音出來，像是在助其有比較宏亮的聲勢。

形體也是用磨的，磨好之後
第一比較快，第二比較省工

現在原好之後，因為有時候燒，容易變形歪掉，我們現在就要把它整直整平一點

因為打成微弧形就是要讓柄裝上去時在打的時候，才會有這聲音出來

　　現在這個好的時候，就要裝飾就要綁紅布，這樣算是會比較平安啦，在練的時候比較不會傷到人，用紅把它綁著，第一就是比較美觀，第二就是平安嘛，紅色就是代表平安的意思，所以我們在用的工具，都有綁紅布，原因就是從這兒來的，第一就是漂亮，第二是保佑它的平安，我們現在這個宋江陣，因為從古時就有侍奉一個宋江爺，田都元歲，因為他在操練的過程中，怕兵器會傷到對方，所以如果有侍奉宋江爺，他們裡面的師父，都會寫符咒，將刀劍鎮住，等於說他們在操練的時候，比較不會傷到對方，自己也比較不會傷到別人，保佑這個平安，那這符咒大部份都是宋江爺才會寫，那寫等咒是因為以前的祖父也是在教宋江有教給我的父親，而我的父親也有傳給我，這樣宋江陣的東西，就算是都完成了，這支是排刀，排刀就是要拿這個牌，跟這支，像這樣。

所以我們在用的工具，都有綁紅布原因就是從這兒來的

所以如果有侍奉宋江爺，他們裡面的師父，都會寫符咒，將刀劍鎮住

綁紅布　　　　　　**畫符咒**

這樣宋江陣的東西，就算是都完成了，這支是排刀，排刀就是要拿這個牌，跟這支，像這樣

　　純鋼用途非常廣泛，舉凡各類餐廚用具，農林工具以及一些簡易的武器等，都是用單一鋼料製成，工序簡單，效果亦好，臺灣民俗活動頗負盛名之宋江陣，其操練武具多以不鏽鋼等單一鋼料製成，成本較低且不易折斷，而目前全臺灣能以純手工鍛打全套宋江陣武具的師父，除郭常喜先生之外，已微乎其微了。

郭常喜　師父：

　　如果是以前宋江陣在對打的時候，一定要先到武館，學四個月，之後才教發仔，那現在對打的步伐就叫作「發仔步」，就是教導出招，怎麼去擋，如何去打。

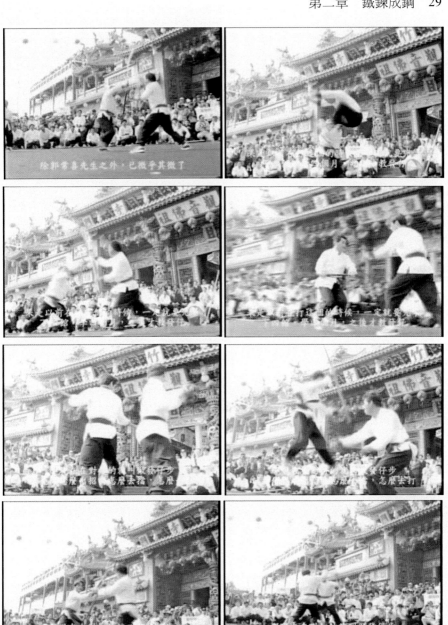

宋江陣對打的「發仔步」。

第三章　傳統鐵具鍛造技術

　　而為了增加鍊鐵純鋼之耐用度，先民技巧的將鑄鐵與初煉出來的純鋼併合煉製，以取其剛柔並濟之功能。

郭常喜　師父：

　　所謂的「佈生鐵」，以前人是說「舖生鐵」。在以前民國五十年代到六十年代，算是因為那時的鐵沒有那麼好，那時鐵多半都是軟鐵，但是我們要做這個鋤頭，如果說只有鐵要做這個鋤頭的話，太過軟了，所以不行，它的上面一定要舖生鐵，舖生鐵就是說，把這些生鐵敲碎，敲碎之後，把它們舖在這個刀口，舖在刀口之後，像這樣，再放進爐裡去融，現在放到裡面融了之後，再打到其相黏，就叫做佈生鐵、舖生鐵。

佈生鐵

傳統鐵具鍛造技術

舖生鐵就是說，把這些生鐵敲碎
敲碎之後，把它們舖在這個刀口

佈生鐵
於刀口

傳統鐵具鍛造技術

舖在刀口之後，像這樣，再放進爐裡去融

傳統鐵具鍛造技術

進爐內熔化

現在放到裡面融了之後，再打到其相黏
就叫做佈生鐵、舖生鐵

　　民國五十年代到六十年代之間，那時的鐵都沒那麼硬，
因此都要這麼做，那因為我們這邊的生鐵都是比較硬的，所
以要舖之前都要先敲，要敲成一塊一塊的，敲成碎片像這樣，
這些一塊一塊碎碎的，再下去舖在刀子上。

傳統鐵具鍛造技術

要敲成一塊一塊的，敲成碎片
像這樣，一塊一塊的，碎碎的

現在就下去融，起爐之後再去打到相黏，現在這個生鐵就是比較硬東西，所以把它放到這鐵的上面，再進到爐子裡去融，但是還要看它的火色剛好到的時候才夾出來，才去打，那在打的時候，生鐵算是比較硬的東西也附在鐵上面，那附在上面之後，如果好了，我們就可以打，那現在火色剛好，我們就可以夾出來，可以打了，那個生鐵就會黏在鐵上面，那現在就是好了，好的時候出來，我們就可以去打它，那些生鐵現在都已經附在鐵上面了，附在上面之後，我們就要去打它的刀口，將它打薄，現在就算是比較硬了，硬的部份已經附在軟的部份上了，像它的刀口現在就已經很硬了，像現在融，就會舖在這上面了，舖在這上面後，我們再將刀

口打薄，就樣好了之後就很硬了，這就是以前五十年代到六十年代的時候，我們的鐵太過軟了，所以上面就要舖生鐵，

再熱處理過後，所以我們東西如果處理好的話，要去鋤土的時候，因為生鐵比較硬的關係，才不會一下子就軟掉了。

第四章　夾鋼（片刃）與手工磨刀技術

郭常喜　師父：

這支劍的材質為全鋼，但是很彈性很好很軟，但是它並沒有經過處理過的。我們在彎到這種程度，它也不會壞，那你認為它是很好的，但事實上這種劍它是不好的，它是全鋼的，那如果經過處理，我們現在就來做處理，現在處理完，紅的部份就是這一塊而已，下面的部份，我們沒有處理到，現在好的時候，它就沒有那麼軟，你只要去折它，用手折一下，它就斷掉了，但是它是不硬，沒有處理，所以才能那麼軟，但是經過處理後，如果沒有包軟體，就會變這麼

這支劍是它是整支鋼，但是很軟但是它是沒有處理過的

硬，這就是不能用的東西。

經過熱處理後

一下就折斷了

現在好的時候，它就沒有那麼軟
你只要去折它，用手折一下，它就斷掉了

　　現在要在夾這一塊，就是鋼，那這塊鋼在還沒打之前，就跟鐵一樣，是軟的，那如果經過鍛打處理過後，整支就會變硬，現在就是打完，那現在這一塊就是鐵，我們一樣經過鍛打，然後等一下再來處理，我們現在打這個氣鎚，它這個是西德製的，但是它這個是風壓的，之後我們這些打鐵的，是有另外去裝一台變速機，看我們要幾下大力的，我們可以自己已變速，但是這在打的力道很大，現在夾出來的，這就是打好，接著就熱處理，那處理過後你去打它，它還是一般的鐵，它會彎而已，不會壞，它不會斷掉，它是軟的，烤紅後就熱處理，鋼就是熱處理後不能再敲，再敲的話就會壞掉，你處理到哪裡就會壞到哪裡，會壞掉，現在我們再拿那塊鋼

和鐵黏在一起，那這個鐵跟這塊鋼如果說在熱處理之後要打在一起，因為鋼是硬體，去敲它的話，很快就壞掉了，所以全鋼東西不能用就是因為沒有軟體把它包住。

那你要在夾這一塊……化裏鋼
那它現在還沒打之前……就跟鐵一樣

片刀與手工磨刀

**第一次熱 處理時，
敲打時只 會彎，不會壞。**

那處理過後你去打它，它還是一般的鐵
它會彎而已，不會壞

片刀與手工磨刀

揹紅後就熱處理

片刀與手工磨刀

鋼就是熱處理後不能再敲，再敲的話
就會壞掉，你處理到哪裡就會壞到哪裡

經過第二次熱處理後，一敲就斷。

所以我們現在要做這個生魚片刀這東西，一定就要把軟體跟硬體，兩塊先合在一起，因為軟體可以保護硬的，硬的可以吃軟體的力，所以我們做好的東西再去處理後，才會好

用，你就像一塊軟的跟一塊硬的，兩塊溫度都夠了，溶在一起後，我們再拿出來打在一起，這樣就變成片刃，就是一個軟的跟一個硬的合在一起，現在這樣就可以打刀了，我們現在來打一支小把的刀子，像這個已經打好，我們先做一把來示範用，做一把生魚片刀，那這把刀頭部份已經好了，我們現在要來做刀尾的部份，也是要讓它都有相黏，那現在我們要把它打尖，打出它的形體，才能去做生魚片刀，那生魚片刀本來就是屬於片刃，只有一邊而已，那像這樣下去融，因為鋼比較硬，比較不容易融，那鐵比較軟，比較耐融，那在融的時候鐵會先融，那鋼被包在裡面，就會比較慢融，那等到鐵的溫度夠了，再把鋼放裡面一點，等到兩個的溫度都夠了，再拿出來打在一起，這樣就可以黏在一起了。

生魚片刀示範過程

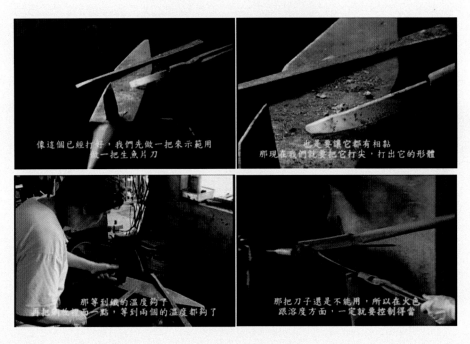

像這個已經打好，我們先做一把來示範用 做一把生魚片刀

也是要讓它都有相黏 那現在我們就要把它打尖，打出它的形體

那等到鐵的溫度夠了 再把鋼放裡面一點，等到兩個的溫度都夠了

那把刀子還是不能用，所以在火色 跟溶度方面，一定就要控制得當

　　但是如果不小心的話，因為鋼比較不容易溶，所以沒有注意的話，鋼也是沒有溶到，沒有處理好的話，到時候也是會壞掉，那到時候黏上去了，那把刀子還是不能用，所以在火色跟溶度方面，一定就要控制得當，這樣出來後才能把它們打在一起，現在就是要把它打平修整之後再去磨，形體都好了，就可以磨了，軟鐵跟硬鐵溶好之後，都相黏了就開始打，打好之後就是一把刀了，但是刀子打好之後，還要磨，去另一邊磨，這個東西就是說，刀子的形體打好裝進這裡面，這樣在磨的時候，比較不會那麼燙，也比較平，像我們現在這個砂輪，因為的的目數、大小都是分的如果你現在想磨細一點的東西，要磨細一點的東西就是在跟廠商訂購的時候，要標明目數要多一點，因為目數比較多的，磨出來就比較細，要修飾時就比較細，比較好，那如果是訂購比較粗的，在磨是比較快，但是線條比較粗，在拋光的時候，就比較不好弄。

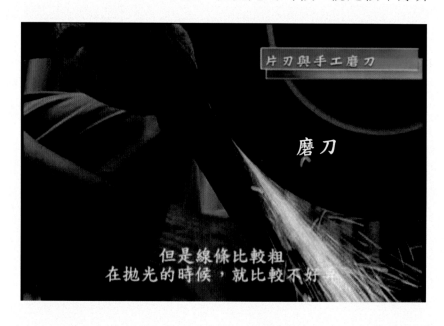

　　那現在我們這個算是打好、黏好，粗胚也磨好，我們現在就要去熱處理，熱處理後，就變成彎這麼多，它會很彎，那它在彎的時候，我們再把它整理一下就會直了，再去打它已經不會壞了，那熱處理過後，為什麼刀子會彎呢？因為硬的會去拉軟的，所以這個東西就會彎掉，所以說整塊鋼不能去做東西就是像這樣，如果整塊鋼去做東西，做好了把它整理整理、打一打，它是不會壞掉的，那麼它不會壞掉，原因就像說這塊軟體的保護這塊硬體的，所以在你去敲它的時候就不會壞掉，所以才能做刀刃，做好之後才會好用，原因就是如此，現在處理好之後，也拉直了，我們現在去做細修，把它磨好，因為現在我們有軟鐵貼硬鐵之後呢，現在我們做生魚片刀起來，是用它的軟鐵部份，所以它就不會彎掉，從軟的地方彎過去，硬的地方會撐著，硬的部份會向外拉出去，軟的部份會向內彎進來。

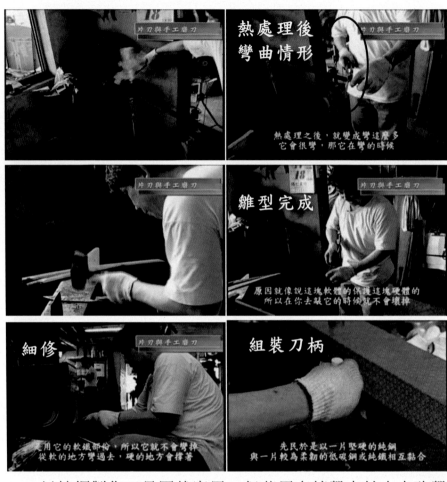

熱處理後彎曲情形

熱處理之後，就變成彎這麼多
它會很彎，那它在彎的時候

雛型完成

原因就像說這塊軟體的保護這塊硬體的
所以在你去磨它的時候就不會壞掉

細修

是用它的軟鐵部份，所以它就不會彎掉
從軟的地方彎過去，硬的地方撐著

組裝刀柄

先民於是以一片堅硬的純鋼
與一片較為柔韌的低碳鋼或純鐵相互黏合

　　以純鋼製作工具固然實用，但若用在撞擊力較大之砍擊
工具，或切割使用率較長或切割耐用度要求較高之刀具時，
單一鋼料可能就無法全然適用，先民於是以一片堅硬的純鋼
與一片較為柔韌的低碳鋼或純鐵相互黏合，再以刮刀刮去軟
鋼，露出硬鋼作為刃口，以硬鋼刃口去砍擊物體，以軟鋼保
護硬鋼，並為之消除震盪力量形成完美之組合，其中黏合時
機之選定，不同含碳量之鋼料要在同一時間達到能夠黏合之
火侯，都是成敗的關鍵；足見先民經驗法則之精確，與工藝

能力之高超。

郭常喜　師父：

　　在磨的部份呢，刃的這一樣要磨平，要磨斜面的，單面，是斜的，另一面要磨平的，這就是片刃的磨法，拿的手勢就是左手要拿這樣，但是右手如果要切生魚片，拿這樣子就不行了，這一面是斜的，平面在外面就不行了，所以生魚片刀都要分左手、右手，那如果是一般的菜刀就沒有差，左手、右手都一樣，但片刃的話就一定要分左手、右手，磨石沒有

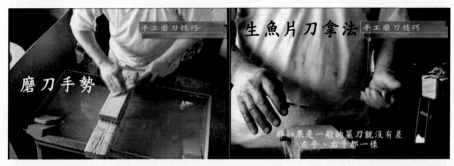

什麼要注意的啦，就是磨石本身有沒有平，要平才可以磨生魚片刀，如果沒有平的話就不能磨生魚片刀，不然磨好刀子會不平，好像有人磨石都會磨到變彎的？龍船啊，那就不行，那是外行的，那沒有反手，因為外行人在磨刀是這樣在磨的，那磨到這邊的時候都磨在這一塊，前面這塊跟後面都沒有磨到，這就是最一般的磨刀，都是這樣磨，但事實上這樣磨是錯誤的，刀子其實是要這樣磨，跟高就要跟高，要反手，得轉過來，那要磨前面也可以，要磨後面也可以，所以這塊磨刀石一定保持磨到完都是平的，但是如果是磨反手的話，是很少人會啦，很少人會磨這種反手的，就可能要有去日本學過啦，才有可能會磨這種反手的，不然大部份都是。

磨刀石須
平整的磨

跟高就要跟腐 要反手，得轉過來
那要磨 前面也可以

　　（為什麼要換磨刀石？）磨刀石，因為下面這一塊就是
最粗的，那現在這一塊是中細的，因為這把刀如果磨愈細的
刀子，它的刃口會愈好啦，那如果是磨粗的，它的刀口就粗
粗的，它的刃面就是粗刃啊，最後就還要一塊帖石，經過這
塊帖石磨好之後，就像
剃頭刀一樣可以用了。
（什麼是帖石？）墊石
就是最細的石頭，這就
是日本那邊有一座山，
它是專門在開採這種石
頭的，但是這種石頭在

中細磨刀石

以前可以開採，現在已經不能開採了,現在已經開採完了,（那
不就很難買？）難買啊，這塊現在是買不太到了，這塊就是
最細的石頭，所以有鋼跟沒有鋼的，如果這個是全鋼的，就
整支都是鋼，那就很難磨，那貼鋼的就是說，這邊是鐵，另

一邊是鋼，那在貼鋼的刀子，我們在磨的時候，是磨到這一塊鐵，而不是磨到這塊鋼，我們就只是修那個刃面而已，所以這刀要磨才會好磨才會好用，原因就是在這裡。

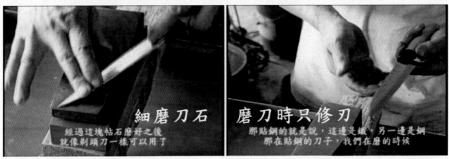

細磨刀石
經過這塊粘石磨好之後
就像剃頭刀一樣可以用了

磨刀時只修刃
那貼鋼的就是說，這邊是鐵，另一邊是鋼
那在貼鋼的刀子，我們在磨的時候

（介紹一下你的設備？）設備就是這個是比較新型的，它是用機械在運轉，如果你手可以固定的話，是比較好磨也比較快啦，那如果是古早的方法，用手工這樣在磨，要出力、重力也比較難磨，（那種也是屬於水磨嘛？）都是水磨，水為什麼是青色的？這是防銹的，是防銹水，因為如果我們鋼的刀子磨一磨，這裡面鋼的部份，如果我們磨完，經過這個水，沒有馬上用的情況下，就放著，它不會生銹，那普通如果沒有用防銹水，如果刀類的是鐵放著，不用一分鐘，馬上整個都卡水銹了，所以這算是防

機械磨刀
如果你手可以固定的話，是比較好磨
也比較快啦，那如果是古早的方法

銹就對了，這利度有夠，我們光是削報紙就知道了，這就表示它的利度夠，才能有辦法割紙，才會好割。

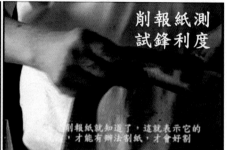

　　以夾鋼製作之刀具如生魚片刀、臺灣傳統柴刀、開山刀、鋤頭、鉋刀等，郭師父雖然是一位專業刀匠，但他強烈認為尊重生命本來就是人類的天職，若不是為延續另一個生命，實在不應該發生任何殺戮，包含一般動物在內，因為若有餘力應隨時全力挽救生命，他不時私費印製勸世海報，免費送人，以淺

顯文字告誡世人為人處世之道、懷恩惜福之理，更隨時以行動實踐其健身立業的人生哲學，他說身體健康，心理健全，打的刀才沒邪氣，用刀的人才能正直。

第五章　傳統包鋼技術

郭常喜　師父：

現在融的這一塊，就是炮彈鋼，就是炸彈皮，我們現在去融化它，紅了之後，去剖成一塊一塊，現在再下去打下去打就是說看我們是要做柴刀

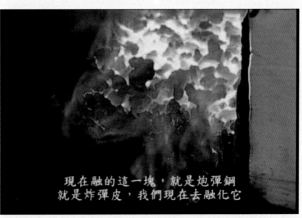

現在融的這一塊，就是炮彈鋼
就是炸彈皮，我們現在去融化它

還是菜刀，我們如果是要做菜刀的話，我們在鋼就要用比較小一點，我們剛剛把這個砲彈鋼，現剪成一段一段，現在把它打好，再把剛剛那塊鐵拿起來包。

　　為了使刀具更加堅實可用，先民更以軟鋼或純鐵上下包覆硬鋼，上下削去部份軟鋼，留一線硬鋼為刀刃，俗稱「漢堡鋼」，由於兩面皆有軟鋼包覆保護，刀體更加堅固耐用，現今許多進口高級餐廚用刀，都是用這種方法製成；當然其困難度又比夾鋼還高。

　　這就是包鋼，中間放一塊鐵，兩邊是鋼，我們把它夾住，要固定一下，用焊的去固定，現在要溶，現在就要溶了，鋼跟鐵一起在溶的時候，我們再拿來，打到使其相黏，相黏之後再打成型，看你要打菜刀還是柴刀，還是要打鐮刀，這塊包鋼包好，就可以做東西了，像這個就是要做柴刀，做柴刀的話，因為你要先打一個手持的管，現在打好的這個就是叫做鐵管，鐵管現在在做比較簡單的就是從後面沒做的去剪，那在以前的話，現在已經燒紅的第一遍，就是讓它要彎的地方看有沒有平、有平均，而且這樣在後面的地方也比較厚，

現在再像這樣去打圓。

現在就打那個柴刀管，打圓，打圓之後，相連處，以前就是沒電焊的時候，就都要用火爐黏，用火爐黏的話，因為相接的地方比較厚一點，因為厚一點，它的鐵漿才跑得出來，它的鐵漿比較不會流到旁邊去，現在管的部份打好之後，再去打它的柴刀刃，柴刀刃打好之後就是在黏管，現在就是在黏管，那相連的地方，你現在去打去接它，好了之後才會圓滑，才不會利利的，現在都是用火黏，那我們剛剛下去打的

時候，柴刀就已經打好了，然後等一下再去那邊削，把刀口
削利，那現在因為鋼還在包在中間，我們要把它削出來，削
出來之後，我們再去熱處理，所以以前人在削的，就是削到這
個鋼，都要有出來，現在再用那個砂輪，去磨利，好了後，再
去熱處理，所以這個東西就一定要出鋼，不然根本就不能用。

柴刀管

現在就打那個柴刀管，打圓，打圓之後
相連處，以前就是沒電焊的時候

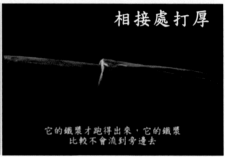
相接處打厚

它的鐵漿才跑得出來，它的鐵漿
比較不會流到旁邊去

　　現在就要去削，削它軟鐵的部份削到出來為止，就是要
用削的，削到中間的鋼的部份讓刀口出鋼，等刀口出鋼後，
等刀口出鋼後，再用砂輪稍微整理一下，弄順一點，那是現
在有砂輪，在以前沒有砂輪的時候，就要帶石頭去磨，磨到
刃口稍微出來，因為現在削好的話，是軟軟的，所以要磨到
刃口稍微出來後，再去熱處理，這樣磨利，比較好磨，不然
處理完後的刀口很硬，要磨比較難磨，現在好的話，因為剛
剛削好是軟軟的，那打好之後就是要削，把刀口的部份整理
好，現在就是削好處理好啦，要去熱處理。

柴刀就已經打好了，然後等一下再去那邊削
把刀口削利，那現在因為鋼還包在中間

把刀口的部份整理好，現在就是削好
處理好啦，要去熱處理

　　我們以前的人說研鋼，現在的人是說熱處理，但是它的意思是一樣的，熱處理的時候，它的刀口，就要一樣深一樣溫度，這樣處理起來的刀才會平均，如果一邊比較紅，一邊較不紅，那比較不紅的那邊就會比較軟，一斬可能就軟掉，那比較硬的部份，一斬可能就會斷掉，這比較硬的部份要回火讓它軟一點，因為處理好的時候太過硬了，那太過硬的情況下，就要回火，回到讓它比較軟一點，這樣就是說火候還不夠，下水的時候，水沒立即蒸發，所以要燒到它火候夠了，這樣在下水的時候，讓水可以直接蒸發，所以它溫度才夠，才夠韌，本來在處理就都是處理到 60℃，像這樣，水滴下去。

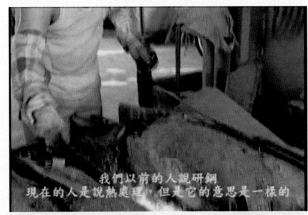

過去的研鋼
今日的熱處理

熱處理時，以
同樣溫度讓刀
口受溫

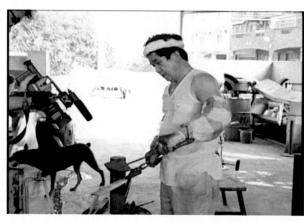

滴水蒸發
測試火候

　　包鋼技術，近年來漸漸被機械加工取代，純手工製作技術也因而漸漸沒落甚至消失。郭先生為保存此項技藝，私費興建刀劍藝術文物館，免費開放給各界來賓觀賞，甚至親自擔任導覽，為參訪之民眾細細解說，為刀劍藝術與傳統文化之推廣工作涓涓滴滴的不斷默默付出，經常與刀劍同好品茗論劍，甚至徹夜不眠，對刀劍打造技術或刀劍歷史文化知識之增進，有著莫大的幫助。

為刀劍藝術與傳統文化之推廣工作
涓涓滴滴的不斷默默付出

對刀劍打造技術或刀劍歷史
文化知識之增進，有著莫大的幫助

經常與刀劍同號品茗論劍，竟至徹夜不眠

林文治　先生：

最有福報的人，是他的興趣
跟工作能夠結合在一起，就是一個福報

最有福報的人，是他的興趣跟工作能夠結合在一起，就是一個福報，他是一個最有福報的人，他也有一個工作場所，專門提供給一些，社會上或是學生們，有興趣的來這邊敲敲打打來感受到，打鐵就是這麼樣的辛苦，我們的東西就是這樣，傳承下來，他犧牲奉獻呢，把他整個家裡的一、二樓，開闢成展覽場，郭老師還打算把隔壁的房子標下來之後，還要擴充展覽場，我們也感覺到，他的心胸非常的開闊，而且對於社會上的付出，他是非常的投入，我們也欣然見到他對這方面的事業一天比一天進步，來這參觀的人，也一天比一天多，非常感謝郭老師對整個社會文化傳承。

第六章　傳統鋼鐵器具成型技術

郭常喜　師父：

　　現在這個是比較現代的，就是說我這個東西打好，就用電焊黏一黏，接一接，像這個管也是，好了之後，再黏一黏這就是電焊，但是我們以前在打的不是，像這個東西就要開叉，然後再咬進去再用爐去黏，弄到鐵跟支架的部份去溶，溶好之後再打在一起，這兩種東西是不一樣的，這個東西就是 CO_2，CO_2 可以黏薄的東西，用 CO_2 黏的東西會比較平，會沒有氣孔，會比較漂亮，像要黏這種薄的東西比較不容易破掉，就是說這種東西黏薄的東西還是可以黏的，但是如果我們用電焊的去黏，黏比較薄的，如果不會黏的話，黏了就壞了，就差別在這邊，所以這個要再進一步去調整，就不一樣了，就算是比較現代了。

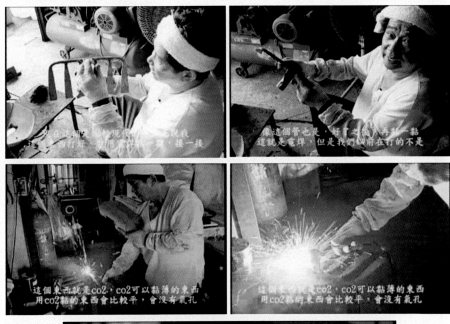

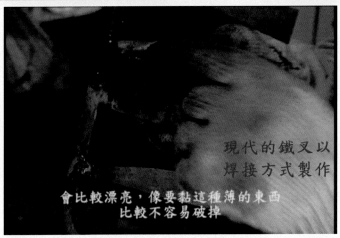

　　鋼料經夾鋼或包鋼，製成了有用的刃材，但要形成一件
完整的工具，則必須經過黏合的手續，才能完成，古代沒有
今天的電焊、氣焊、亞焊等這麼方便的焊接工具與技術，因
此都是以傳統的所謂火黏來連接各部分的零件，那是一種高技
術性的工法，有效而且堅固，但是因為太難掌握而即將散失。

郭常喜　師父：

我們這個四叉在以前的農村是家家戶戶都會用到的，因為這個四叉，如果要取肥，豬舍的肥如果弄好了，你要去取肥，你就要用這個四叉取肥，為什麼要用四叉呢？因為四叉它有縫，所以挖下去的時候，因為裡面有髒東西，有木頭啦，那些還沒有爛掉的，就要用四叉去挖，這樣才會好鋤，才挖得下去，如果說是用鋤頭，就要刀口很利才挖得下去，可是四叉仔一挖就挖的下去了，可以馬上把東西挖出來，把豬舍裡面的廢物，都清出來之後，再整堆集中到菜園去當肥料。

我們以前在做四叉，就像現在這樣，長短要先切出來，切出來之後再打四角，再去打圓，那打圓的話，我們現在在用的這個砧板叫做角砧，因為角砧有一面是平的，一面是尖的，中間這邊又有一個洞，這個就是在折管，那個圓圓的，

則必須經過黏合的手續，才能完成古代沒有今天的電焊、氣焊

所以挖下去的時候，因為裡面有髒東西有木頭啦，那些還沒有爛掉的

鋤要刀口很利才挖得下去，可是四叉仔一就挖的下去了，可以馬上把東西挖出來

就像現在這樣，長短要先切出來，切出來之後再打四角，再去打圓，那打圓的話

我們現在在用的這個砧板叫做角砧
因為角砧有一面是平的，一面是尖的

這個角砧是大概在50年到60年，才有這個
角砧的出現，那現在這個四叉出來

就是在折管，我們以前在民國五十年代在打鐵就都是用一塊圓的砧而已，沒有這麼方便，這個角砧是大概在五十年到六十年，才有這個角砧的出現，那現在這個四叉出來，無論我們以前在用的手耙啦，四叉啦，耙子啦，不論什麼東西一定就要像現在這樣做，一定要剖開，剖開之後，像這個就是樑，這個就是算它的主樑，就是兩邊都打尖之後，兩邊彎下來，彎下來之後，四叉的中間兩齒，它沒辦法用打的，所以要另外打兩齒出來，剖開之後，再像現在把它咬進去，咬進去之

一定要剖開，剖開之後，像這個就是樑
這個就是算它的主樑

這個角砧是大概在50年到60年，才有這個
角砧的出現，那現在這個四叉出來

它沒辦法用打的，所以要另外打兩齒出來
剖開之後，再像現在把它咬進去

我們現在好啦，用鐵絲把它綁住
固定住之後，因為我們現在

後，現在咬住了，但還沒黏住，還沒黏住的時候，它就不會固定，不能固定就不能黏嘛，不能黏的話，現在就要想辦法，把外面的地方用鐵絲綁著去固定它，這樣它的齒才不會歪掉，才不會亂跑，到時候黏好才會一樣大，才漂亮，我們現在好了，用鐵絲把它綁住固定住之後，因為我們現在假設咬住的地方是五分的，現在兩邊的地方差不多是七分、八分嘛，那比較小的地方如果沒有用土黏一黏，在進去爐內的時候要去溶，溶它咬住的部份，溶那兩齒要咬住的地方，而旁邊的地方不要溶到，所以就要用土覆住，第一就是保護旁邊的地方，第二就是要讓旁邊比較薄的地方，不會壞掉，像現在土蓋好了，就要進爐裡去溶了。

去溶的時候，就變成說我們現在在打氣，就要打在我們要溶的那個地方，火路就要從那個地方出來，剛好在那邊出火，那個風路、火路，剛好在那邊出來，都剛剛好這樣才可以，不然如果我們要黏這兩齒，火路卻從旁邊出來，這樣到時拿出來打的時候，旁邊的地方就會壞掉，就沒辦法黏了，所以以前在打這個風爐，在做那種十幾齒的，如果黏到了最後一齒，風爐一個不小心打氣打過頭了，溶度過高，一台就變兩台，那個東西就壞掉了，所以以前用這種手工的技術很厲害的就是說，所有要黏的東西都要用這個爐去黏，因為那

像現在土蓋好了，就要進爐裡去溶了
去溶的時候，就變成說我們現在在打氣

就要打在我們要溶的那個地方
火路就要從那個地方出來，剛好在那邊出火

時候也沒有什麼電焊，所以不論要黏什麼就要用這爐去黏，不管是要黏東西，要接東西，就像現在，燒到溶了再開始打，兩邊把它打在一起，所以現在要溶就只要溶那個地方，現在夾出來後，旁邊的土都會掉落，這樣兩邊的地方都會一樣大，不然要溶比較厚的地方，如果薄的地方沒有上土，那溶一溶後，薄的地方就會壞掉了，那厚的地方還沒溶，薄的地方就壞了，那打氣打過頭了，夾出來打之後，一打一台就變兩台了，一支四叉的就變兩叉，那不就不能用了。

傳統鐵叉製作過程

　　火黏後之工具，與現代焊接成型的工具乍看之下極其相似，但以傳統式火黏技術黏合的工具就是比較耐用，而且擁有一股無法取代之古意與親切感，而無論是一般鍛打，或高技術性之火黏，都得站在上千度的爐火前揮汗打拼，如此繁

複、辛苦的工作，郭先生卻仍能持續數十年，甚至還樂在其中，如果沒有一股強而有力的力量在支持，真不知何以為繼呢！而這支神奇的支柱，正是國內極少數專業女磨刀師的郭太太－鄭世珍女士！

鄭世珍　女士：

以他現在的名氣來說，照理說他是可以不用做一些什麼菜刀啦什麼之類的，不過他還是堅守他自己的崗位，就是有一種打鐵的使命啦，他好像就是堅持這種使命在做，不管說有錢賺沒錢賺，就是這樣子，而且他做打鐵這一行業哦，很少有人做的著啦，有要收學徒嘛，學徒做不了一、兩天就跑掉了，這是很辛苦的工作，很少有人做的著啦，老師到現在都一直在忙他的文物館，他完全忽略到他自己的作息方面，他現在年齡也滿大的了，他將近六十歲了，所以我是想說是不是以後他的工作，能儘量的輕鬆一點，不要把整個精神都灌注在那個文物館上面或者是他的工作上面，是不是也挪個時間出來說做一些休閒啦，或者是陪伴家人，這一陣子他真的很忙，忙到一回家他洗完澡，洗完澡一躺下去，他在看新聞啊，新聞還沒看哦，新聞還沒報導五分鐘、十分鐘，他就睡著了，真的是很心疼，他這樣一天到晚這樣忙，身體我看也負荷不了，所以是希望他，在工作方面就是工作跟休閒能分配一下啦，就是說，不要整個都在工作上啦，也是給自己一個休閒的時間，好好保養他的身體喔，不然怎麼陪他的文物館走下去哦，在還沒找到他的傳承之人之時哦，他應該有一個健康的身體，所以說叫他，就是多休息休息啦，不要整個心都在文物館上面，就這樣子。

以他現在的名氣來說，照理說
他是可以不用做一些什麼菜刀啦什麼之類的

他好像就是堅持這條生命在做
不管說有錢賺沒錢賺，就是這樣

學徒做不了一，雨天就跑掉了
這是很辛苦的工作，很少有人做的著啦

他將近六十歲了，所以我是想說
是不是以後他的工作，能儘量的輕鬆一點

第七章　傳統積層花紋鋼鍛打技術

　　爐火熊熊的燒著，郭先生榮獲國家專利的神奇花紋鋼，就在這炙熱的火焰中美麗的呈現。

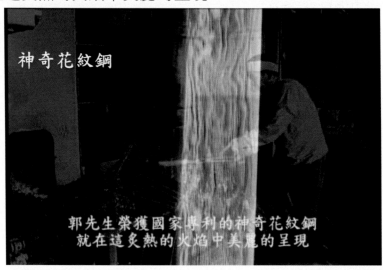

郭常喜　師父：

　　這一塊是砲彈鋼，硬體的，現在要下去燒，燒了之後再切開，這塊就軟的，軟體的，現在我們就放進爐裡，下去燒，現在就是這個砲彈鋼跟這個軟體要進去爐子裡燒，準備要做，現在這個砲彈鋼就要先打平，打平之後我們才可以切一條一條的，才可以打，以前我們在做的時候很辛苦，就是像這樣那個砲彈鋼要把它打平，打平之後，我們就要用砲彈鋼，不是用機械去打了，這就是砲彈鋼，要打平，現在再用斬刀去打，打到一條一條的，打到一條一條之後，現在再把那一塊打下來，現在去打下來，現在像這樣去打，用斬刀去打，把它打下來，現在已經打下來了，像這樣打下來，這塊就是硬體，現在再把這塊硬體放到爐子裡去燒，燒紅，這塊就是軟的，軟體，現在再去黏硬體，現在這塊鋼，就要打好、打

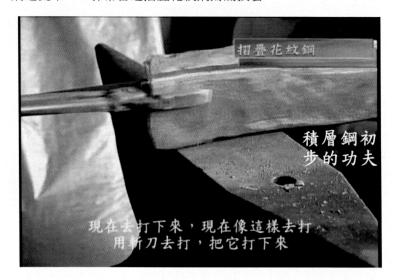

平，現在出來之後，再黏在那塊軟體，現在就算是一塊硬體跟一塊軟體有黏在一起了，這就是要做積層鋼初步的功夫。

　　現在出來之後，就是用大搥稍微打一下，打在一起，現在這邊一塊軟的跟一塊硬的，兩塊黏在一起，現在下去溶，溶到整個黏在一起，現在就這樣下去溶，因為剛剛黏只是稍微黏住而已，現在下去溶，可以溶整塊的，溶比較長，像這樣，溶很長的，那溶很長的溶在一起之後，兩塊都相黏了，現在再下去打，下去抽薄一點，抽的薄薄的，現在抽薄之後，那塊有相黏的，再把它折斷，現在再下去組合，現在一塊一塊都弄好之後，再七、八塊黏在一起下去溶，去黏在一起，這樣起來就是積層鋼的步

驟，這算是那個，兩片，然後黏在一起，黏在一起之後，上面我們再舖東西，現在之後就是兩片黏在一起之後，上面再舖一個花紋比較不一樣的，我們現在就用鋼，還是用生鐵，現在就把它合在裡面，現在雙邊再把它黏在一起，把它固定，然後這個東西再放進爐裡去溶，現在就把它黏住後要再溶一次，像現在我們就把它們包一包、黏一黏在一起下去溶好之後，現在再上來打一打，打在一起，這樣做起來的花紋，就

積層鋼步驟

不一樣了，因爲如果用較硬的素材包，做起來會更明顯，這就是做積層鋼的步驟。

　　我們現在這兩塊已經黏好了，現在要下去打了，打成一片一片的，重複這順序，到時候再一起下去溶，溶的話就都是像這樣溶就對了，溶好我們現在再一片一片的排上去，因爲我們剛剛已經兩塊合在一起了，合在一起我們已經打薄了，所以現在要好幾塊，像這個就要七、八塊，黏在一起，黏在一起之後再一次下去溶，現在就要下去溶，溶打的話就有十六塊，像這樣溶好起來打，打到黏在一起，這樣就有十六層了，因爲我們用八塊去打，打出來就十六層了，十六層之後，兩邊都溶好了，我們再從中間去弄，折過來之後，就有三十二層了，積層鋼、百摺鋼就是這樣來的！才叫做是百摺啊，不是嗎？

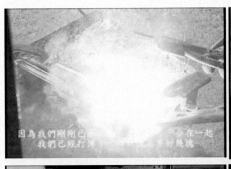

因為我們剛剛已□□□□□□□□合在一起，
我們已經打□□□□□□好幾塊

像這個就要七、八塊，黏在一起，黏在一起
之後再一次下去溶，現在就要下去溶

因為我們用八塊去打，打出來就
十六層了，十六層之後，兩邊都溶好了

折過來之後，就有三十二層了，積層鋼

　　因為鐵和鋼，剛好溶化，如果你去打它，它的漿水會跑到外面來，所以才會產生火花，因為如果只有鐵的話就比較不會有火花，因為我們有加鋼，是鋼噴出來的火花，像現在就是剛剛我們已經溶好，從中間取一個部份，折過來，現在再下去溶，所以你可以看到它火花很多，它就是你在溶的時候，鐵有溶了，跟鋼也有溶，現在出來要打在一起，它現在才會產生那個火花，才會噴出來，現在就是爐裡面清柚來的

因為如果只有鐵的話就比較不會有火花
因為我們有加鋼，是鋼噴出來的火花

現在就是爐裡面清出來的鐵渣，就是炭裡面有含一些雜物，跟鐵流出來的一些雜物

鐵渣，就是炭裡面有含一些雜物，跟鐵流出來的一些雜物，然後它們會在爐子裡面結塊，把裡面的縫塞住，所以要清乾淨。

　　它的氣才打的出來，那因為你在溶鐵的時候，可以說是非常辛苦的，為什麼說非常辛苦呢？因為這個在爐子裡面溶的時候，這個爐子的溫度大概 1350℃ 至 1500℃ 之間，在這一塊板，也就是汽車裡面那塊彈簧板，但不是說汽車裡面的彈簧板都可以用，有的可用，有的不能用，如果說是太硬的那種，沒辦法溶的，就不能用，就是要像這種比較軟的，比較可以溶的，才可以包鋼，現在要下去打，要包在中間，這個最重要，第一重要的，我們現在像這樣燒出來後，就已經彎好了，積層鋼的東西就已經

因為這個鐵在爐子裡面溶的時候，這個爐子大概一仟三百五十度至一仟五百度之間

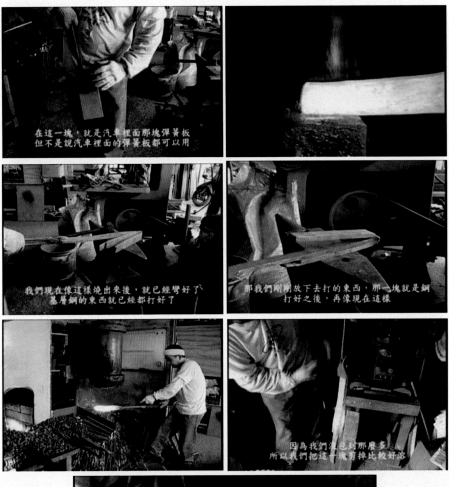

在這一塊，就是汽車裡面那塊彈簧板
但不是說汽車裡面的彈簧板都可以用

我們現在像這樣塊出來後，就已經彎好了
基層鋼的東西就已經都打好了

那我們剛剛放下去打的東西，那一塊就是鋼
打好之後，再像現在這樣

因為我們沒包到那麼多
所以我們把這一塊剪掉比較好溶

第一就是這樣，第二就是那塊留那麼長，我們
的夾子在夾的時候就是要夾那一塊，才能夾住

都打好了，那我們剛剛放下去打的東西，那一塊就是鋼，鋼打好之後，再像現在這樣，穿進中間，用夾子夾著，好了之後，就像如此一般包起來，這就是刃，就叫做包鋼，包好之後，把它燒住，把這兩邊都黏住，都固定住，再下去溶，溶好就是像現在再下去打，打的時候有那麼多火花就是因為裡面的鐵、鋼面都有漿水，你去打它的時候，它就會往兩邊跑，跑出來，這兩塊包的這一塊就算是刃，那現在這一塊就太過長了，必需剪掉，因為我們沒包到那麼多，所以我們把這一塊剪掉比較好溶，我們現在把這一塊算是中間要夾住的那一塊鋼打的比較長，第一就是這樣，第二就是那塊留那麼長，我們的夾子在夾的時候就是要夾那一塊，才能夾住，現在回過頭來，為什麼會那麼好夾就是因為前面的已經溶好了，把它打小一點薄一點，我們用夾子夾，現在就換它的頭下去打，現在在打的時候，就都會噴那些火花出來，那些火星都會噴出來。

　　為什麼會有火星噴出的情形呢？就是因為我依循古法去打，算是中國歷朝歷代打鐵史裡，都是用這個方法。用這個東西在打的時候，你看好幾十片的東西要溶在一起，若不是你有那個火候，跟那個工夫，我們不是用什麼藥，或是什麼其他化學物品。像現在我鋼都包好了，再看要做什麼東西，如果我要做劍，我就量那個劍，看可以多長，再下去打，還是說我要打刀打什麼的，這個比就是要比說看那個東西做好要做多長，劍要打多長，你要有一個尺寸，才下去打，那現在為什麼我們在做這個，你看到我用一個尖尖的下去鑽，這就是因為鐵有好幾十層，那我們第一次下去溶的時候，它裡面有雜質，那有雜質的話，你溶好，再去打，它就是不會黏

在一起，它會變成說我們長痱子一樣起水泡。

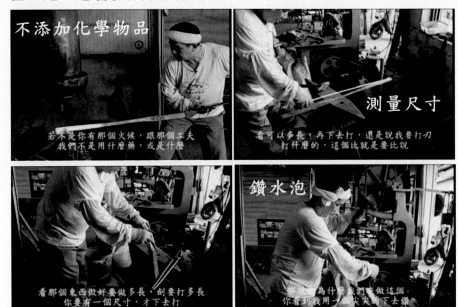

那現在就是因為我們包那麼多層，有時候起來的時候你沒打到，它就不會黏在一起，它就會起水泡，起水泡裡面就是有空氣，有空氣的話，你就要把它戳破，讓裡面的空氣跑出來，再下去溶的話，它裡面才能相黏，它起水泡的部份才能相黏，那等你東西打好之後才會相黏，才不會傷口，不然如果你沒有把它戳破，沒有讓它相黏的話，那個東西打好，就會變成有傷口，像這個現在就已經都溶好了，溶好之後，我們還是先把刀根打出來，打好之後，再開始去打那把劍，因為那把劍，前面比較寬，後面比較窄，這就是手工去打造的，現在去打的話，就要用搥子敲過之後，現在就用手工去做整理，看是有哪邊不順，還是哪邊有凹陷，我們就用手工去補順、補平，讓它好的時候會直，會一樣的厚薄，這樣去修，所以說千搥百鍊，東西要好用，就是要費工夫嘛，要打

好嘛，因爲雖然說是刀劍要有六條線的原因，中間那一條劍脊要直，之後就是我們在一開始打的時候，中間的劍脊要打直，在磨的時候才會好磨，那旁邊的那兩條是在處理好，要磨的時候就要抓直，抓好，這樣這把劍做好的時候，這把劍的品質才會漂亮，才會有那個價值。

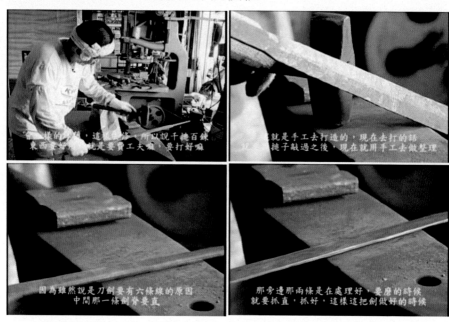

像現在這把的形體已經都打好了，現在就要打直、打好，現在打直打好之後，現在就可以去磨了，用火石去磨，我們以前沒有火石可以磨嘛，就要用削的，用戳的，那在戳的過程中，也是有個好處的，就是說你劍剛打好，它還是軟軟的情況下，就可以用戳的，那如果說是處理過後，要修就難修了，火石的好處就在於，你如果打好，處理好了，有哪裡不好，用火石去磨，還能磨，這樣磨過以後刀也會比較漂亮，磨刀跟磨劍的差別在於，刀是平的，只要刀口的鋼有出來，這樣就可以了，菜刀也是磨白磨亮就行了，那劍跟藝術刀，

用火石去磨，我的以前沒有火石可以磨嘛
就要用削的，用戳的，那在戳的過程中

有哪裡不對，用火石去磨，還在磨
這樣磨過以後刀也會比較漂亮

就是因為它中間還有一條劍脊，這條劍脊一定要磨直，這樣這把劍完成時才漂亮，像現在這樣就是剛剛已經磨好，現在再磨過之後，就要拋光。

　　像現在這樣就是要下去酸洗，因為洗酸之後，它的花紋才會出來，為什麼要酸洗？因為我們刀子打好，無論是刀還是劍，都是平的，你磨好之後都是平面的，那為了要讓它的

花紋跑出來，我們就要下去洗酸，洗酸就是把軟的腐蝕掉，然後把硬的留住，所以起來之後才會出現它本身的花紋，這個酸是好幾種酸都可以啦，只是說快慢是由我們自己。

洗酸過程

像現在這樣就是要下去洗
因為洗酸之後，它的花紋

將軟的部分洗掉
用以呈現本身花紋

為什麼要酸洗？因為我們的刀打好
無論是刀還是劍，都是平的

　　現在好了之後要上黏土，上黏土的原因就是你在熱處理的時候，比較不會彎掉，現在就要把它烤乾，現在是我們花紋的部份已經洗好，就要經過熱處理，現在就是在熱處理，有好幾個原因就是說，第一你看它溶的程度夠不夠，比較準，第二就是說，刀、劍，下去處理比較不會變形，現在這個就是烤紅，全部弄好，再熱處理，現在因為這個劍是包鋼的，所以比較硬，因為我們是包彈簧鋼嘛，那它等於是剛剛那一塊，算是高碳鋼，高碳鋼比較硬，所以過油，那油的吸收較慢，所以處理完全軟一點點，我們再整理會比較好整理，那如果我們今天是過水，這樣處理完就太硬，這個鋼就超硬，就不能用，就是這樣的關係，那如果是整支燒紅的鋼下去處理，每支都不能用了，因為如果這麼長的鋼去做處理，處理完後整支都會變硬，那隨便敲一下，就斷成兩截了，那就不能用了，現在處理完，它會彎，千層鋼的東西，處理完就是會彎，就可以再去打它，可以鍛打，現在是彎的情況下就用打的，把它打直，現在因為它熱處理完後，方向會亂跑，所以我們現在要把它打直，因為劍本身有六條線，所以必需六條線都有直才行，現在因為算是熱處理已經好了，那處理完就是要再經過鍛打、鍛平，鍛平之後鍛直，鍛直之後再細修，這樣就好了。

現在好了之後要上黏土　　　現在這個就是烤紅，全部弄好，在熱處理　現在因為這個劍是包鋼的

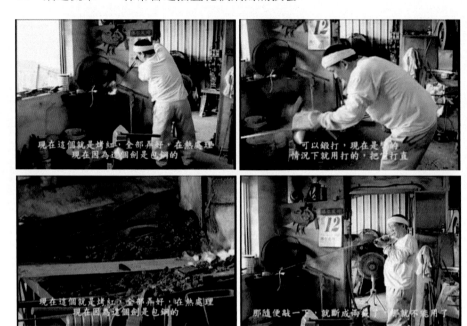

　　那拉直之後，因為還有上油啊，所以現在我們就要把它洗掉，因為劍上面會有卡油在上面，所以我們就要用汽油啦，還是用那松香水把它洗掉，現在就再來這兒修邊，兩邊都要修平、修直，這把劍完成後才會直、平，現在修平修直後，再過砂輪那邊，去磨亮，這樣劍刃的部份就算是完成了，這個劍就算是已經處理過，再把旁邊的修直，修到一樣的寬窄，這個只算是熱處理好的粗胚而已啦，現在就還要再到這邊去細修就是磨亮，讓它表面處理比較光亮，現在好就是要裝柄，

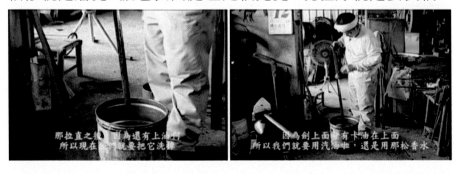

裝柄的話，因為我們做的刀根比較大條，各把劍都不一樣大條，都不盡相同，我們這個都不是機械做的，一定都是手工做的。

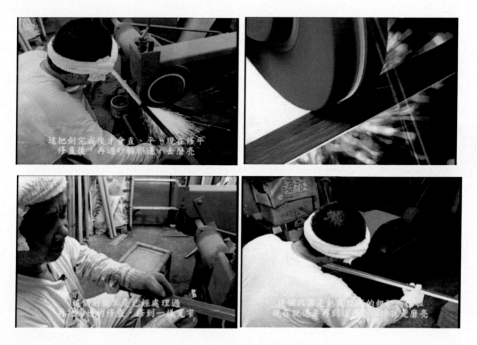

　　我們現在這個黑檀木先鑽洞，鑽洞之後看我們的劍有多大，然後劍把的部份燒紅，燒紅之後直接去烤它的劍柄，現

在就來試試它的劍尖，夠不夠，現在這個劍尖就是沒問題的，就是好好的都沒有去損害到，然後它的花紋也都很漂亮，現在就砍一些東西，砍砍看，或是斬銅線看看，不過我們都是斬鋼纜線比較多，現在好了就是要落款，落款就是說像武士刀一樣，會落在劍柄裡，這樣別人才知道，這是誰做的，現在刀柄的部份已經做好，我們開始要做這個護手的部份，看你想要做什麼樣的形體，要磨怎麼樣的，我們都是純手工做的，既沒有裝模，也沒有脫蠟，這把劍從頭到尾，都是用手工去做的，像這個護手的部份，也都是自己手工去磨的，整塊銅去做的，這把劍做好了之後，要開始做柄了，就要看它的大小，跟它上面的護手可以合，大小我們要先畫起來，這樣做起來才會合，那銅的部份要磨好做好，那像這個柄是木

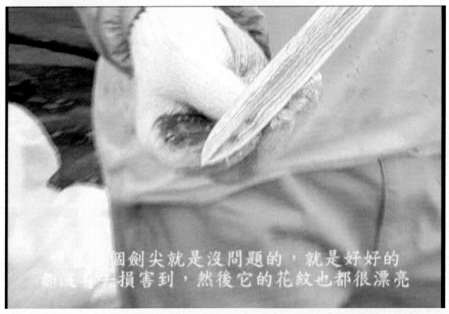

個劍尖就是沒問題的，就是好好的
損害到，然後它的花紋也都很漂亮

現在就砍一些東西，砍砍看；或是新鋼練看看
不過我們都是新鋼磨練比較多

現在好了就是要落款，落款就是說
像武士刀一樣，會落在劍柄裡

頭的，所以兩邊要做一個圈圈把它圈住，才比較不會破掉。

　　我們現在這個劍殼也是用黑檀木，那劍殼要做也是要畫，看這把劍多寬、多長，因為我們這是純手工做的，不像機械做的，每支做起來都一樣長、一樣寬，所以我們的東西就全部都是手工做的，現在畫好之後，就把兩邊多出來的部份裁掉，把它用鋸台鋸掉，這樣我們做起來的東西才會漂亮，雙邊要一樣寬，這樣東西比較不容易壞，現在我們裁好之後，中間那條中條要畫起來，畫好之後就用火石去磨，像這種是比較粗的，專門在磨木頭的，用它去磨。

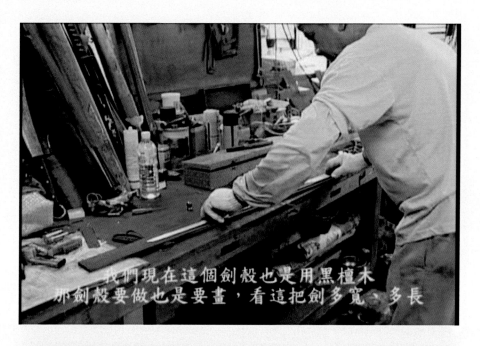

我們現在這個劍殼也是用黑檀木
那劍殼要做也是要畫，看這把劍多寬、多長

裁掉，把它用鋸台鋸掉，這樣我們做起來的
東西才會漂亮，雙邊要一樣寬

　　那現在磨好之後，刀柄磨好，雙邊裁好，現在就是在細修拋光，把它磨亮，現在就是粗形已經做好，還要用砂紙去磨，磨到它的細紋都不見，砂紙在磨，也是先用粗，再用細的，磨好之後就檢查看看有沒有平，然後劍放不放的進去，如果劍也放得進去，劍本身也好了，放進去的時候很順暢，接下來我們把其他的配件裝上去。

現在就是粗形已經做好，還要用砂紙去磨
磨到它的細紋都不見，砂紙在磨

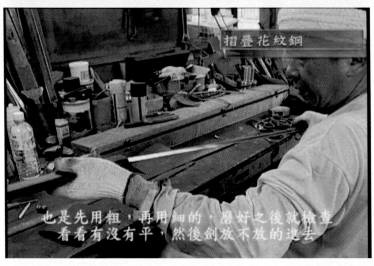

也是先用粗，再用細的，磨好之後就檢查
看看有沒有平，然後劍放不放的進去

　　先將它的護手先裝進去，那因為以後我們的劍如果要拆下來整理，這都是活動，不是做死的，如果說是做死的，就不能像這樣拆來拆去，那我們這個做活動的，就像這樣把它裝一裝，像在組合東西一樣，像這樣，都裝好之後，就都已經裝住了，後面是鎖螺絲的，把它鎖緊，再看看這把劍直不直，磨的亮不亮，檢查一下，像這樣可以了，刀殼也都做好了，這樣就算是這把劍已經完成了，完成之後，這樣放進去，順不順、放不放的進去，我們都要檢查的詳細，就要從正面放也可以，從反面放也可以，現在就要看這把劍做起來前後是否都直的，看如果都直的好了之後，就開始綁這個腰扣，這個因為在以前，劍都會別在身上，綁在褲頭上，所以這個綁好之後，現在再把刀根固定，因為我們的刀根有一個洞，要把它固定，就用這個木頭把它塞進去，防止這個柄不會在你練習時，後面的螺絲鬆掉，我們還有一個預備的措施就是

後面是鎖螺絲的，把它鎖緊，再看看這把
劍直不直，磨的亮不亮，檢查一下

說，柄有栓住，這樣才不會說，如果後面的螺絲鬆掉，柄就
飛出去，現在這樣就算是整支都好了，後面這個裝飾的裝上
去，就算是可以拿去賣了，我們做劍，積層鋼就是這樣。

就要從正面放也可以，從反面放也可以
現在就要看這把劍做起來

現在再把刀根固定，因為我們的刀根
有一個洞，要把它固定

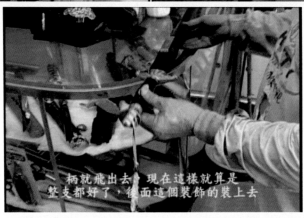

柄就飛出去，現在這樣就算是
整支都好了，後面這個裝飾的裝上去

國立高雄海洋科技大學　卓照明博士：

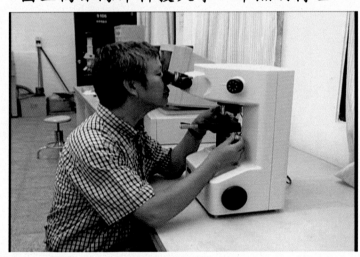

　　我剛才是進行微硬度試驗，我用的這個試驗呢，檢查出這個材料的硬度，有白的部份跟黑的部份，白的部份是非常硬的材質，硬度是 HRC58，是非常有尊嚴的硬度，軟的部份

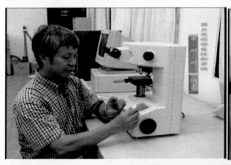

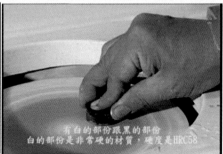

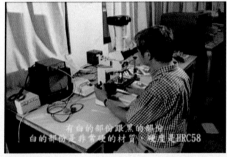

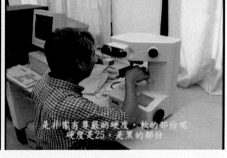

呢，硬度是 25，是黑的部份，我們是可以檢查的出來的，那劍本身是必需具力韌性、硬度跟強度，那在強度它就可以利刃，那韌性就是指這把劍不會斷，那這個材料呢，它具有兩者的優點。

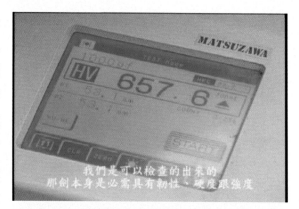

我們是可以檢查的出來的
那劍本身是必需具有韌性、硬度跟強度

　　舞弄著傳古的摺疊花紋鋼寶劍，扮演著歷代傳奇的俠客、豪傑，原本凌厲的劍式，更加虎虎生風，郭先生打造的刀劍，配重適宜，鋼刃千錘百鍊，刀紋絃麗多變，當然是所有刀劍同好千金難求之神兵利器，更是廣大民眾爭相目睹的金屬奇蹟。

舞弄著傳古的摺疊花紋鋼寶劍
扮演著歷代傳奇的俠客、豪傑

當然是所有刀劍同好千金難求神兵利器

第八章　淬火技術與展望

郭常喜　師父：

　　一般的武士刀，打好是像這樣，整支都是直的，那初胚磨好後要去做熱處理的時候，這個彎度，才靠你的火色去燒紅，看是要彎多少，像如果是太刀，它就比較彎，如果是武士刀就沒那麼彎，但是這個彎度，在外行人眼裡，就是看這把刀要多彎，就是打好去熱處理後，就是這麼彎，事實上不是這樣的，其實武士刀完全是直的，去處理後是看火色決定的，才彎起來，像這樣，我們處理好就變這樣，這就是太刀，如果我們沒有要讓它彎這麼多，也是可以，要直一點也是可以，就要看火色，看你的火色燒到好不好，這就是最彎的，燒最彎的給你們看，這個像這樣起來大概兩吋了，那因為太刀都差不多是這個彎度，都是靠處理去抓它的彎度出來的就對了，那如果要再彎的話，也是可以，要再直一點也行，要處理到都不彎，也是可以。

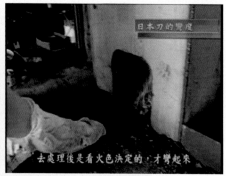

我們這個文化館，本來是只有 42 坪而已，但是太小間了，所以現在剛好隔壁房子要賣，我就把隔壁買下來，現在要再擴建大間一點，讓一些東西可以展示的，展示出來，這是其一，其二就是說，因為要把這些東西留給我們的下一代，所以就全心全力的把所賺的錢，收一些古代的兵器，要把它展示在裡面，可以讓以後的小孩每個都可以看的到，把這個文化館做擴充，現在這邊如果好的話，因為我們的文化館沒有那麼大，裡面在展示的東西也都不能擺出來，且因為以前不是要做這個文化是住家，所以它的樓梯比較窄，所以我現在做的話，就會符合它博物館的條件，都把這些東西都做好、改好之後，把所有的東西，都展示出來。

我們這個文化館，本來是只有42坪而已，
但是太小間了～

讓一些東西可以展示的，展示出來，這是其一

把所賺的錢，收一些古代的兵器
要把它展示在裡面，可以讓以後的小孩

把所賺的錢，收一些古代的兵器
要把它展示在裡面，可以讓以後的小孩

一樓就是這樣，上來這是二樓，以後這就是博物館，那因爲這邊是新買的，那現在也是把它改成博物館，現在有很多東西，像這個，現在已經都沒有了，我就把它放在這邊讓人家欣賞像這個，是以前的有錢人家才能做這個門，才能做這麼好，現在的話，就是以前都要做櫥窗，做展示品，那這邊沒有做櫥窗的原因是因爲，要把一些東西展示在這上面，讓人家可以看的到，那像這邊可能就不動了，因爲這邊是要讓一些學生，或是學校，做一些考究，一些朝代的兵器這邊可能是比較不會去動的，會動的大概就是動第一跟第二館的東西而已。

所以我現在做的話，就會符合它博物館的條件

我就把它放在這邊讓人家欣賞像這個
是以前的有錢人家才能做這個門

那這邊沒有做櫥窗的原因是因為，要把
一些東西展示在這上面，讓人家可以看的到

　　現在就是因為沐染這個文化，第一就是承傳，就是打鐵的工夫看能不能承傳給我們的下一代，兵器的東西在一些人的想法裡，可能覺得兵器是屬於兇器，大部份刀是都在殺人的，那事實上你不要用這種眼光去看他說，刀是兇器，如果用，其實刀是一種藝術的眼光來看的話，心情可能會比較輕鬆。我以後就是說，如果政府他以後有需要，要蓋一個館，裡面所有收藏的古董、兵器都全部捐給國家，讓國家去保存，這是我的願望，這算是我設立博物館之後希望的結果，之後就是這個工夫，傳給學校去做，這也是我的願望，這個願望如果完成，可能我也已經老了，也沒辦法做了，那如果說這

些財產，政府不要，我就會傳給有心要經營的人，繼承下去，就是有興趣的人，他有能大去管理這些東西，不論什麼人我就是會傳給他，我不一定把這些東西都傳給我的兒子，還是說傳給我的老婆，這就是我的願望。

那像這邊可能就不動了，因為這邊是要讓一些學生，或是學校，做一些考究

第一就是承傳，就是打鐵的工夫看能不能承傳給我們的下一代

兵器的東西在一些人的想法裡可能覺得說兵器是屬於兇器

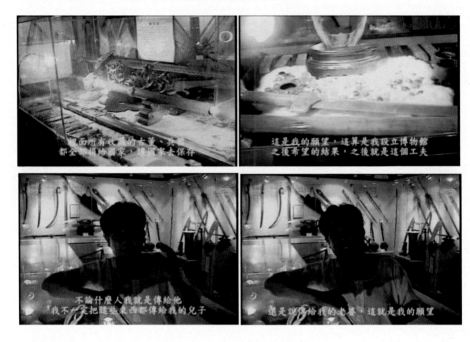

第一甘苦草地人

第二甘苦庄腳人

第三甘苦就打鐵

手拿鐵鎚打鐵支

打到汗流滲滲低

不知何時出頭天

　　　　　　興達阿喜師

附錄一　後附文章參考書目

（一）官書典籍

丁孚，《漢儀》，北京，中華書局，1990。

不著撰人，《三輔黃圖校注》，陝西，三秦出版社，1995。

王充，黃暉校釋《論衡校釋》，北京，中華書局，1995。

王利器校注，《鹽鐵論校注》，北京，中華書局出版，1992。

王應麟，《漢制考》，臺北，華聯出版社，1964。

司馬光，胡三省注，《資治通鑑》，北京，中華書局，1992。

司馬遷，《史記》，臺北，臺灣商務印書館，1985。

李昉，《太平御覽》，北京，中華書局，1994。

杜佑，《通典》，北京，中華書局，1992。

杜預注，孔穎達疏，《左傳注疏》，臺北，藝文印書館，1993。

房玄齡，《晉書》，臺北，臺灣商務印書館，1973。

洪飴孫，《三國職官表》，北京，中華書局，1984。

范曄，《後漢書》，臺北，臺灣商務印書館，1988。

徐天麟，《西漢會要》，北京，中華書局，1998。

徐天麟，《東漢會要》，北京，中華書局，1998。

班固，《漢書》，臺北，臺灣商務印書館，1981。

荀卿著，熊公哲註釋，《荀子今註今譯》，臺北，臺灣商務印書館，1985。

荀悅，《前漢紀》，臺北，鼎文書局，1977。

馬端臨，《文獻通考》，臺北，新興書局，1965。

許慎撰、段玉裁注，魯實先補正，《說文解字注》，臺北，黎
　　明書局，1991。

陳壽，《三國志》，臺北，臺灣商務印書館，1995。

逯欽立輯校，《先秦漢魏晉南北朝詩》，北京，中華書局，1995。

楊伯峻編著，《春秋左傳注》，臺北，洪葉文化，1993。

趙翼，《廿二史劄記》，臺北，鼎文書局，1975。

劉熙撰，畢沅疏證，《釋名疏證》，北京，中華書局，1985。

衛宏撰，紀昀等輯，周天游點校，《漢官舊儀》，北京，中華
　　書局，1990。

鄭玄注，孔穎達疏，《禮記注疏》，臺北，藝文印書館，1993。

鄭玄注，賈公彥疏，《周禮注疏》，臺北，藝文印書館，1993。

鄭樵，《通志》，北京，中華書局，1990。

范曄，《後漢書》，臺北：臺灣商務印書館，1988。

陳壽，《三國志》，北京：中華書局，1982。

房玄齡等，《晉書》，北京：中華書局，1998。

沈約，《宋書》，北京：中華書局，1996。

蕭子顯，《南齊書》，北京：中華書局，1997。

姚思廉，《梁書》，北京：中華書局，1997。

姚思廉，《陳書》，北京：中華書局，1997。

魏收，《魏書》，北京：中華書局，1997。

李百藥，《北齊書》，北京：中華書局，1997。

令狐德棻等，《周書》，北京：中華書局，1997。

李延壽，《南史》，北京：中華書局，1997。

李延壽，《北史》，北京：中華書局，1997。

魏徵，《隋書》，北京：中華書局，1997。

崔鴻，《十六國春秋》，成都：巴蜀書社，1993 年。

鄭樵，《通志》，北京：中華書局，1990。

劉熙撰，畢沅疏證，《釋名疏證》，北京：中華書局，1985。

許慎撰、段玉裁注，魯實先補正，《說文解字注》，臺北：黎明書局，1991。

郭璞、郝懿行著，袁珂譯注，《山海經》，臺北：五南圖書出版社，1997 年。

崔豹，《古今注》，收於王謨輯《增訂漢魏叢書》，臺北：大化書局，1988 年。

任昉，《述異記》，臺北：藝文印書館，1966 年。

干寶，《搜神記》，臺北：藝文印書館，1965 年。

常璩著，任乃強校注，《華陽國志校補圖註》，上海：上海古籍出版社，1994 年。

葛洪著，李中華注譯，《新譯抱朴子》，臺北：三民書局，1996 年。

楊衒之，《洛陽伽藍記》，收於王謨輯《增訂漢魏叢書》，臺北：大化書局，1988 年。

劉義慶，《世說新語》，臺北：華聯出版社，1975 年。

蕭統編，《昭明文選》，臺北：五南圖書出版社，1998 年。

歐陽詢，《藝文類聚》，上海：上海古籍出版社，1999 年。

陳夢雷，《古今圖書集成》，臺北：鼎文出版社，1985 年。

馬端臨，《文獻通考》，臺北：新興書局，1963 年。

紀昀奉敕撰，《四庫全書總目提要》，臺北：臺灣商務印書館，1965 年。

嚴可鈞，《全上古三代秦漢三國至六朝文》，北京：河北教育出版社，1997 年。

李兆洛，《駢體文鈔》，臺北：中華書局，1966 年。

許棤，《六朝文絜》，臺北：中華魏徵，《隋書》，北京：中華書局，1997。

劉昫，《舊唐書》，北京：中華書局，1975。

歐陽修、宋祁，《新唐書》，北京：中華書局，1981。

薛居正，《舊五代史》，北京：中華書局，1981。

歐陽修，《新五代史》，北京：中華書局，1985。

李林甫，《大唐六典》，臺北：文海出版社，1962。

杜佑，《通典》，臺北：新興書局，1963。

王溥，《唐會要》，上海：上海古籍，1991。

王欽若，《冊府元龜》，北京：中華書局，1960。

王溥，《五代會要》，臺北：世界書局，1979。

吳任臣撰，《十國春秋》，《新五代史附十國春秋》，臺北：鼎文書局，1990。

吳廷燮撰，《唐方鎮年表》，北京：中華書局，1991。

吳松弟，《兩唐書地理志匯釋》，合肥市：安徽教育出版社，2002。

吳兢，《貞觀政要》，上海：上海古籍，1978。

宋敏求撰、洪丕謨等點校，《唐大詔令集》，上海：學林出版社，1992。

李白撰，王琦注，《李太白全集》，北京：中華書局，2003 年。

李吉甫撰，《元和郡縣圖志》，北京：中華書局，1983。

李昉，《太平御覽》，北京：中華書局，1994。

李昉，《太平廣記》，北京：中華書局，1974。

李昉，《文苑英華》，臺北：華文書局，1971。

李肇，《唐國史補》，三卷，收入楊家駱主編，《唐國史補等八

種》；臺北：世界書局，1991。

封演，《封氏聞見記》，臺北：新文豐，1984。

紀昀奉敕撰，《四庫全書總目提要》，臺北：臺灣商務印書館，1965。

馬端臨，《文獻通考》，臺北：新興書局，1963。

許慎撰、段玉裁注，魯實先補正，《說文解字注》，臺北：黎明書局，1991。

陳尚君，《全唐詩補編》，北京：中華書局，1992。

陳夢雷，《古今圖書集成》，臺北：鼎文出版社，1985。

路振，《九國志》，《宛委別藏叢書（43）》，臺北：商務印書館，1981。

劉肅撰，《大唐新語》，北京：中華書局，1984。

劉熙撰，畢沅疏證，《釋名疏證》，北京：中華書局，1985。

樂史，《太平寰宇記》，臺北：文海出版社，1979。

歐陽詢，《藝文類聚》，上海：上海古籍，1981。

鄭樵，《通志》，北京：中華書局，1990。

蕭嵩等，《大唐開元禮》，東京：古典研究會，1972。書局，1966 年。

（二）專書著作

林智隆，《古代兵器大展專輯》，高雄：國立科學工藝博物館，2005。

林智隆，《古代兵器特展展示的內容委託研究報告》，高雄：國立科學工藝博物館，2004。

《睡虎地秦墓竹簡》，臺北，里仁書局，1981。

丁福保，《全漢三國晉南北朝詩》，臺北：藝文印書館，1975

年。

上海市戲曲學校中國服裝史研究組編著，《中國歷代服飾》，
　　上海：學林出版社，1984。

中國之翼出版社，《兵器戰術圖解》，臺北，中國之翼出版社，
　　2001。

中國民族博物館編，《中國民族服飾研究》，北京：民族出版
　　社，2003。

中國社會科學院考古研究所編，《居延漢簡甲乙編》，北京，
　　中華書局，1980。

中國軍事史編寫組，《中國軍事史》，北京，解放軍出版社，
　　1988。

中國國家博物館，《文物中國史 —— 三國兩晉南北朝時代》，
　　香港：中華書局，2004。

中國國家博物館，《文物中國史—隋唐五代》，香港：中華書
　　局，2004。

方積六，《中國軍事通史 —— 五代十國軍事史》，北京：軍事
　　科學出版社，1998。

毛漢光，《兩晉南北朝士族政治之研究》，臺北：台灣商務印
　　書館，1966 年。

王仲犖，《魏晉南北朝史》，上海：上海人民出版社，1990。

王仲犖撰，《隋唐五代史》，上海：上海人民出版社，1992。

王兆春，《中國古代兵器》，臺北，商務書局，1994。

王其坤主編，《中國軍事經濟史》，北京，解放軍出版社，1991。

王壽南撰，《唐代宦官權勢之研究》，臺北：正中書局，1992。

王壽南撰，《唐代政治史論集》，臺北：商務印書館，1977。

王壽南撰，《唐代藩鎮與中央關係之研究》，臺北：大化書

局，1980。

白翠琴，《魏晉南北朝民族史》，四川：四川民族出版社，1996年。

地球出版社，《中國文明史 —— 秦漢時代》，臺北，地球出版社，1997。

地球出版社，《中國文明史 —— 隋唐五代》，臺北：地球出版社，1992。

地球出版社，《中國文明史 —— 魏晉南北朝》，臺北：地球出版社，1992。

成東，鍾少異，《中國古代兵器圖集》，北京，解放軍出版社，1990。

朱大渭、張文強，《中國軍事通史 —— 兩晉南北朝軍事史》，北京：軍事科學出版社，1998。

朱玉龍撰，《五代十國方鎮年表》，北京：中華書局，1997。

余大吉，《中國軍事通史 —— 三國軍事史》，北京：軍事科學出版社，1998。

吳澤主編，《圖說中國歷史》，臺北：明天國際圖書出版社，2006。

李亦園，《文化的圖像：宗教與族群的文化觀察》，臺北：允晨文化，1992。

李宗侗，《中國古代社會史》，臺北：中華文化出版事業，1954。

沈文凡等編著，《漢魏六朝詩三百首譯析》，長春：吉林文史出版社，1999年。

沈從文編著，《中國古代服飾研究》，臺北：南天書局，1988。

谷川道雄撰，李濟滄譯，《隋唐帝國形成史論》，上海：上海古籍出版社，2004。

周一良,《魏晉南北朝史論集》,北京：中華書局,1963。

周汛、高春明,《中國古代服飾風俗》,臺北：文津出版社,1988。

周汛、高春明,《中國衣冠服飾大辭典》,上海：上海辭書出版社,1996。

周建江輯校,《南北朝隋詩文紀事》,河南：中州古籍出版社,2001 年。

周緯,《中國兵器史稿》,北京,三聯書局,1957。

周錫保,《中國古代服飾史》,北京：中國戲劇出版社,1991。

林瑞翰,《魏晉南北朝史》,臺北：至大圖書公司,1977 年。

俞劍方,《中國繪畫史》,臺北：臺灣商務印書館,1968。

段清波,《中國古代兵器》,四川,四川教育出版社,1998。

皇甫江,《中國刀劍》,北京：明天出版社,2007。

凍國棟撰,《唐代人口問題研究》,武昌：武漢大學出版社,1993。

凍國棟撰,《唐代的商品經濟與經營管理》,武昌：武漢大學出版社,1990。

孫慰祖,《兩漢官印匯考》,上海,上海書畫出版社,1993。

袁濟喜,《六朝美學》,北京：北京大學出版社出版,1992 年。

高銳,《中國上古軍事史》,北京,軍事科學出版社,1995。

張文才,《中國軍事通史 ── 隋代軍事史》,北京：軍事科學出版社,1998。

張其昀,《中國軍事史略》,臺北：中華文化出版事業委員會,1956。

張儐生,《魏晉南北朝史》,臺北：幼獅出版社,1987 年。

梁滿倉,《中國魏晉南北朝習俗史》,北京：人民出版社,1994

年。

連雲港博物館等編，《尹灣漢墓簡牘》，北京，中華書局，1997。

郭鳳翁，《兵器發展史》，臺北，編著者，1993。

陳寅恪，《隋唐制度淵源略論稿》，北京：河北教育出版社，2002。

陳寅恪撰，《陳寅恪讀書札記 —— 新舊唐書之部》，上海：上海古籍出版社，1989。

陳寅恪撰，《隋唐制度淵源略論稿》、《唐代政治史述論稿》（合刊），臺北：里仁書局，1984。

陸明哲，《中國歷史圖鑑》，臺北：典藏閣出版社，2006。

陸敬嚴，《圖說中國古代戰爭戰具》，北京：同濟大學出版社，2006。

凱風，《中國甲冑》，上海：上海古籍出版社，2006。

程怡選注，《漢魏六朝詩、文、賦》，廣東：廣東人民出版社，2004 年。

逯欽立輯校，《先秦漢魏晉南北朝詩》，北京：中華書局，1995。

逯耀東，《勒馬長城》，臺北：時報文化出版事業有限公司，1979 年。

楊希義、余汝波，《中國軍事通史 —— 唐代軍事史（下）》，北京：軍事科學出版社，1998。

楊希義、余汝波，《中國軍事通史 —— 唐代軍事史（上）》，北京：軍事科學出版社，1998。

楊泓，《中國古兵器論叢》，臺北，明文書局，1983。

楊超，《熱血漢唐》，山東：山東電子，2005。

楊毅，楊泓，《兵器史話》，臺北，國家出版社，2003。

楊隱，《中國音樂史》，臺北：學藝出版社，1980 年。

萬繩楠，《魏晉南北朝文化史》，臺北：昭明出版社，2000。

萬繩楠，《魏晉南北朝史論稿》，臺北：雲龍出版社，1994 年。

萬繩楠整理，《陳寅恪魏晉南北朝史講演錄》，臺北：雲龍出版社，1995 年。

劉永華，《中國古代軍戎服飾》，上海，上海古籍出版社，2003。

劉申寧，《中國古代兵器》，山東：山東教育出版社，1997。

劉煒，《秦漢 ── 開括帝國之路》，香港，商務印書館，2004。

劉煒主編，《隋唐 ── 帝國新秩序》，香港：商務書局，2002。

劉煒主編，《魏晉南北朝 ── 分裂動蕩的年代》，香港：商務書局，2002。

歷史群像，《戰略戰術兵器事典‧中國中世‧近代編》，東京：學研研究社，1995。

歷史群像，《戰略戰術兵器事典‧中國古代編》，東京：學研研究社，1995。

歷史群像，《戰略戰術兵器事典‧日本戰國編》，東京：學研研究社，1995。

戴逸、龔書鐸主編，《彩圖版中國通史》，臺北：漢宇國際文化出版社，2006。

韓國磐，《魏晉南北朝史綱》，北京：人民出版社，1983 年。

蘇紹興，《兩晉南朝的士族》，臺北：聯經，1987 年。

（三）期刊論文

文會堂，〈劍佩劍與舞劍〉，《青海師範大學學報》，第二期（1994），頁 88-91。

沈雲韜，《前漢武庫制度研究》，中興大學歷史學研究所碩士論文，2001。

孫毓棠，〈西漢的兵制〉，《孫毓棠學術論文集》（1995），頁
　　268-327。

陳鴻琦，《前漢兵器初探》，中國文化大學史學研究所碩士論
　　文，1981。

寒冰，〈古代金屬兵器制作技術〉(下)，《兵器與金屬》，頁
　　19-20。

寒冰，〈古代金屬兵器制作技術〉(上)，《兵器與金屬》，頁 24。

附錄二　郭常喜兵器藝術文物館簡介

　　按武器自來，即為人類科技文明之櫥窗，亦為研究民族文化演進之重要根據；火器發明後，冷兵不再是征戰的主流，反與一般民生交融更深。於是刀劍演化成為宗教、服儀、民風之代言者，甚為文人吟詩、言志之誇飾化素材，其唯美、藝術化，已全然取代原本表相上之功能。唯因史料收集不易，今人浸淫者日少，斷層危機已日漸嚴重；因此，基於歷史文化傳承之迫切，及為純藝術開拓一獨特之研究面，民國九十一年十月郭常喜兵器藝術文物館於是正式成立。隔年（九十二年）十二月為擴大推廣效果，郭先生再度投下鉅資，獨立買下並打通緊臨建築物，以全部一、二樓之精華區作為展場，同年獲行政院文化建設委員會認可，被列為高雄縣地方文化館之一。九十三年為實刀劍藝術之文化傳承，更成立『高雄縣古兵器藝術研究協會』。

　　郭常喜師父認為，科技日新月異，一切皆以速率化、規格化為唯一需求；因此以電腦操控機械的生產方式，幾乎已全然取代各類傳統工法；一鎚一鎚傳統的純手工"打鐵"業，於是無可倖免的漸被淹沒、遺忘。殘存的老師傅，不是凋零、轉業，就是依持一些零星的特殊農工、具訂製，或傳統餐櫥用刀過活；各式兵器打製，當然更加微乎其微，因為各類工廠或大型公司，以各種近代科技鋼料大量製作的商品，早已

充斥市場。

　　但那些外表華麗，規格統一的產品，雖可謂價廉物美，但總缺乏一些精神和古味，畢竟刀劍本為十八世紀以前的用具，絕非現代社會的必需品。既然因緬懷古文化才要重建古刀劍，為何不全然以古法重建，使其歸真反樸。基於這份純真的理念，基於世界在變，觀念也必須跟著變，統製刀秘技，研創己良工序，再現古代神兵利器之絕代風華。於是積極進行古籍收集、研讀，甚赴日本取經，以求中外對照，再造之刀劍工藝，能再上一層樓。人生雖然短短數十年，但都得創出一番事功，以遺益世人，才算達成我們這輩子的階段性任務。雖然已經研創出積層的打造方法，但不能將古代兵器一一重建、流傳，仍為一大缺憾。因此，除不辭辛勞到處舉辦個展以推廣教育外，更希望野人獻曝，成立一座小型的『積層花紋鋼藝術兵器文物館』，宴饗更多刀劍同好，與廣大社會民眾。也希望此舉能喚起社會有心人士，甚或執政當局，更能重視文化傳承與推廣工作，如此當不枉此。

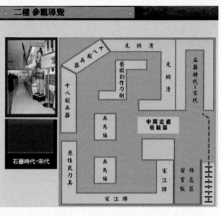

附錄三 鑄刀科學測試

資料來源：郭常喜藝術兵器文物館
http://6989595.5168.net/test.html
鑄刀測試資料。

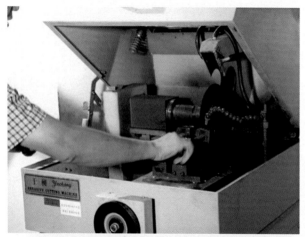

步驟一

・切片取樣本

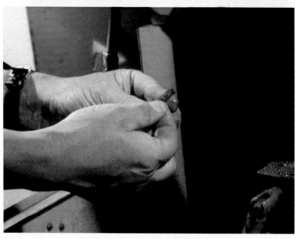

步驟二

・取出之樣本

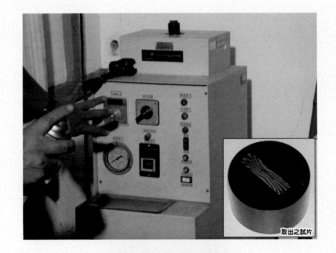

· 將樣本置入試片

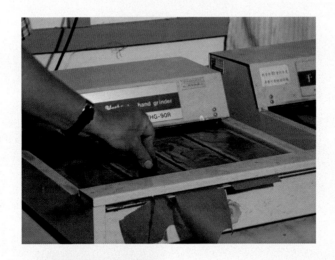

· 手動研磨台(manual grinding set)，手動
研磨試片，砂紙由粗(左)至細(右)

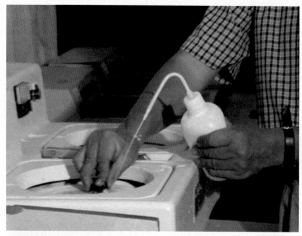

步驟五

・試片研磨機(grinding machine)，研磨試片

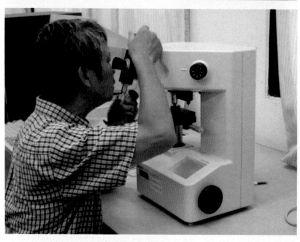

步驟六

・微硬度分析儀(digital micro-hardness tester)，精密測定試片表面硬度

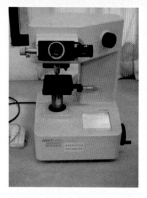

微硬度分析儀，可分別測出最軟及最硬的部份

無法分別測出最軟及最硬的部份

成 品 一

試片 1：

最軟部份－HRC

最硬部份－HRC

成 品 二

試片 2：

最軟部份－HRC

最硬部份－HRC

附錄四　中國歷代兵器製造技術

　　冶鐵的歷史，一般認為始於幼發拉底河和底格理斯河這兩條大河，西北方小亞細亞半島的南部丘陵與沙漠中，一支名叫「西臺」（Hittie）的游牧民族。自西元前十二世紀起，在地中海東岸的鐵器製作相當進步，因此這地方出土的鐵器很多，由青銅劍身裝鐵柄演變為鐵劍銅柄。而中國迄今發現最早的人公冶鐵兵器，是河南省三門峽市上村嶺西周晚期虢國墓地中出土的一件玉柄鐵劍。在湖南省長沙市出土的春秋晚期鐵劍，經鑑定是含碳 0.5%的中碳鋼，金相組織均勻，它是由塊煉滲碳鋼製成，由於使用鋼鐵材料製作兵器，使其種類、形制產生了變化，如劍形體變得窄長。[1]在中國眾多出土的戰國時期的兵器，以鐵兵器具有代表性，在河北省易縣武陽台村戰國後期燕下都遺址 44 號墓出土的 79 件鐵兵器中，有：矛、戟、刀、劍、匕首、冑等鐵製兵器，其中經過檢驗的有五件，發現它們皆為塊煉滲碳鋼製成，其堅韌程度，遠遠超過青銅兵器，這些兵器似乎為墓中士兵生前在戰場上使用的兵器，因而成為從葬品，代表著鐵兵器在中國西元前三世紀中葉，也就是戰國後期，已經普遍為軍隊所使用。[2]

1　寒冰，〈古代金屬兵器制作技術（下）〉，《兵器與金屬》，第 6 期（1994），頁 19。
2　北京鋼鐵學院壓力加工專業，〈易縣燕下都 44 號墓葬鐵器金相考察初步報告〉，《考古》，第 4 期（1975），頁 243。

　　兩漢四百多年是我國古代日益鞏固與發展時期。西漢初年，由於長期戰爭的破壞，經濟凋敝，加上匈奴單于野心勃勃，威脅著漢王朝，使得漢朝面臨內外的危機。所以西漢初期，漢天子採取了「休養生息」的政策，經過了七十餘年，農業生產與社會經濟得以繁榮起來。到了漢武帝時，由於漢朝國力強大，因此開始對匈奴反擊，並且將鹽鐵業收為國營，在全國設立均輸鐵官四十九處，遍佈黃河流域和巴蜀地區。不產鐵的地方則「置小鐵官，使置所在縣。」此後，冶鐵業得到飛速發展，每年投入的勞工超過十萬人以上。[3]鐵兵器的鑄造也因此得以發展。

　　在漢代，兵器除弩機和矢鏃外，由鐵製逐漸取代青銅材質所出土的兵器有：刀、劍、矛、戟、鎧甲等。其中河北省滿城縣西漢劉勝墓出土的鐵兵器最具代表性，其中對部分兵器予以研究，在材質上與戰國時期沒有區別，皆是以鐵製為主，仍是塊煉滲碳鋼，但是其中所夾帶的雜質變少，高、低碳之間碳含量差距甚小，表示此時兵器製作時，反覆加熱鍛打，提高了鐵製的質量。漢代刀劍的刃部，均進行了局部淬火，得到高度的堅硬，而在刀劍脊部依然保持韌性，使之剛柔並濟，適應當時騎兵作戰的需求。而為了抵抗鐵兵器強大的攻擊性，漢代的防護兵器，也隨之改進，在內蒙古自治區二十家子出土的西漢鐵鎧甲，甲片表面為鐵素體，中心部分含碳 0.1%~0.5%。鍛成甲片後經過退火，表面脫碳，以提高延展性。[4]

---

3 曾憲波，〈漢畫中的兵器初探〉，《中原文物》，第 3 期（1995），頁 17。
4 寒冰，〈古代金屬兵器制作技術（下）〉，《兵器與金屬》，第 6 期（1994），頁 19。

　　西漢冶鐵以戰國時期鑄鐵脫碳技術爲基礎，又發明了一種新的製鐵工藝。鑄鐵脫碳鋼技術是將生鐵加熱到一定的溫度，在固體狀態下進行比較充分的氧化脫碳，並且可以通過脫碳量的多少，得到高碳鋼、中碳鋼或低碳鋼的一種煉鋼技術，是一種脫碳技術的高度發展。其法是先用生鐵製成各種板材和條材，爾後再脫碳退火成質量較好的優質鋼材，作爲緞造用的坯料，成爲製造兵器的好原料。河南陽城、古榮鎮、鞏縣生鐵溝、南陽等鑄鐵遺址，都相繼發現了這種板材。西漢滿城漢墓和北京大葆台漢墓出土的鐵鏃和環首刀，就是用這種鋼材製成的。[5]

　　大約在西漢中期，漢代工匠又發了一種新冶煉製鐵技術，即爲炒鋼。炒鋼是先將礦石冶煉成生鐵，再向溶化的生鐵在水中鼓風，同時間進行攪拌，促進生鐵在水中碳氧化的化學作用。用這種方式可以先將生鐵煉成熟鐵，再經過滲碳，緞打成兵器。另一種方法是有效控制把生鐵中的含碳量炒到需要的程度，再反覆鍛打。這種炒鋼的技術始於西漢，在東漢得到全面性發展，並且廣泛使用在兵器製作上。在徐州出土的東漢建初二年（77）五十煉鐵劍，劍把正面有隸書錯金銘文「建初二年蜀郡西工官王愔造五十煉□□□孫劍□」等二十一字，[6]另外還有在山東省蒼山縣出土的東漢永初六年（112）三十煉環首刀，刀身正面有隸書錯金銘文「永初六年五月丙午造卅涑大刀吉羊宜子孫」等十八字，[7]這兩把漢帶鐵製刀劍，經過檢驗，都是以含碳較高的炒鋼爲原料，反覆多

5　王兆春，《中國軍事技術史・軍事技術卷》，頁 63。

6　徐州博物館，〈徐州發現東漢建初二年五十涑鋼劍〉，《文物》，第 7 期（1979），頁 51-52。

7　楊泓，《中國古兵器論叢》，頁 132。

次鍛打而成的。

　　東漢末年到三國時代，此時的炒鋼方法提升到百煉鋼技術運用。百煉鋼技術是用炒鋼反覆加熱疊打形變，細化晶粒和夾雜物而成的。有時也可用含碳量不同的鋼材複合組成，通常是用反覆折疊鍛打最後的層數表示煉數，煉數愈高，表示其加工鍛打次數愈多，晶粒和夾雜物細化的程度越高，鍛打出來的成品就更加精良。「百煉」一詞最早出現在東漢末年，曹操於建安年間曾下令「作百辟刀五枚，適成，先以一與五官將，其餘四，吾諸子中有不好武而文學，將以次與之。」[8]又在《內誡令》中稱，用「百煉利器以辟不祥，攝服奸宄者也。」[9]其子曹丕也在建安建安二十四年造「百辟寶劍」，長四尺二寸。[10]漢代百煉刀的實物形制，過去在日本曾發現過一把東漢鐵刀，約是東漢靈帝中平年間（184-189），刀身正面有錯金銘文「百練清剛」[11]的字句。由於東漢末年到三國時代採取百煉鋼造刀，提高了漢代兵器的質量，加速了往後短兵器的進程。

　　根據《太平御覽》的記載，三國時蜀國造刀專家蒲元曾經幫諸葛亮造刀三千口，刀能夠劈開裝滿鐵球的竹筒，因此被譽為「神刀」，蒲元的冶煉製刀技術，其訣竅是能夠分辨不同水質對淬火質量的影響，把鐵刀鍛煉到適合的硬度。[12]蒲

8　李昉等編，《太平御覽》，卷三百四十五〈兵部七十六〉。
9　同上註，引魏武帝《內誡令》。
10　《太平御覽》，卷三百四十三〈兵部七十四〉。
11　《中國古兵器論叢》，頁 132。
12　《太平御覽》，卷三百四十五〈兵部七十六・刀上〉引《蒲元傳》：蒲元在「斜古為諸葛亮鑄刀三千口，鎔金造器，特異常法。刀成，自言漢鈍弱，不任淬用，蜀江爽烈，是謂大金之元精，天分其野。乃命人於成都取之。有一人前至，君以淬刀，言雜涪水，不可用。取水者猶悍言不雜，君以刀畫水云，雜八升，何故言不？取水者方叩

元使用蜀江水鑄刀的情形，代表著漢代對於不同冷卻速度的淬火和成品性能之間的關係已經有一定的水準。

而漢代的冶煉技術提升，也造就了一些以冶鐵爲業的富商，例如在漢武帝時所啓用的大農丞孔僅，就是以冶鐵業，因此而發跡在南陽的富商。《漢書・食貨志》提到「孔僅爲大農丞，領鹽鐵事，而桑弘羊貴幸。咸陽，齊之大司鹽。孔僅，南陽大冶，皆致產累千金。」[13]

漢朝的冶鐵技術相當發達，所以也反映在當時的墓畫上。在漢代山東是重要的冶鐵基地，山東滕縣宏道院、黃家岭出土的漢畫像中有冶鐵鍛造跟鑄造兵器的內容。宏道院的漢畫像上有多管輪風橐鼓風，還有冶鐵作坊製造過程。黃家岭爲兵器作坊漢畫像，呈現出漢代兵器製作的原始資料，畫中刻繪三個鐵官徒的形象，右邊刻兩個人，一人似乎在用爐火加熱鐵塊，一人趁熱打鐵，左側一人則在仔細檢查兵器有無鋒利，而且還有其他兵器掛滿牆壁。漢代發達的冶鐵科技，大量提供了漢王朝對外發動戰爭所需要的鐵兵器，使得漢代能夠北伐匈奴、南征夷越、在西域設立都護，這些行動讓漢代邊疆得以拓展。從漢代軍事作戰與疆域的伸展可看出冶鐵科技對於漢代多麼的重要。

到了魏晉南北朝時期，由於戰爭與屯田的需求，各政權首推冶鐵科技，在生產規模、冶煉設備和鍛造的工藝技術上，皆比秦漢有了更大的發展。此時的工匠改進馬排成水排，利用水力來鼓風，提高了冶煉的強度，其中百煉鋼技術的持續

頭首伏云，實於涪津渡負倒覆水，懼怖，遂以涪水八升益之。於是咸共驚服，稱爲神妙。刀成，以竹筒密內鐵珠滿其中，舉刀斷之，應手靈落，若薙生芻。故稱絕當世，因曰神刀。」

13　《漢書》，卷二十四〈食貨志〉。

推廣，以及灌鋼法（淬火成鋼，亦即雜煉成鋼）的發明，對於兵器生產力的發展，起了重要的進步功用與效能。

　　東晉大興元年（318），北伐將領劉琨爲鮮卑人段匹磾所拘禁，「自知必死，神色怡如也，爲五言詩贈其別駕盧諶」，曰：

> 功業未及建，夕陽忽西流；時哉不我與，去矣如雲浮。
> 朱實隕勁風，繁英落素秋；狹路傾華蓋，駭駟摧雙輈。
> 何意百鍊剛，化為繞指柔。[14]

其中「何意百鍊剛，化爲繞指柔」，通常被研究中國古代冶煉科技的學者所引用，以此表述魏晉南北朝的冶煉史，達到技術的革新，並以「百煉鋼」來稱呼，反覆摺疊鍛打的工藝技術成品，因此北周庾信曾作〈刀銘〉云：「千金穎合，百煉鋒成，光連斗氣，燄動山精。身文水動，刃古珠生。」[15]在三國時代，戰爭紛擾和屯田的盛行，因此曹魏與蜀漢紛紛設有負責冶煉的機構，任務爲製造農具與兵器，而冶煉技術也日益革新。曹魏韓暨任監冶謁者時，發明了水排鼓風技術：

> 舊時冶，作馬排，（蒲拜反，爲排以吹炭）每一熟石用馬百匹；更作人排，又費功力；暨乃因長流爲水排，計其利益，三倍於前。在職七年，器用充實，制書褒歎，就加司金都尉，班亞九卿。[16]

在東漢以前，冶煉鋼鐵本爲馬力或是人力鼓風，相當費力，韓暨發明水排後，曹魏產鐵量增加了三倍，因此使得魏營軍器充實，稱霸於華北。

---

14 房玄齡，《晉書》，卷六十二〈劉琨傳〉。
15 陳夢雷，《古今圖書集成》，卷二百八十七〈戎政典〉。
16 陳壽，《三國志・魏書》，卷二十四〈韓暨傳〉。

　　戰爭頻繁的三國時期，魏、蜀、吳三國的統治者皆注意各種百煉鋼利器，例如：魏武帝曹操於建安年間曾下令：「作百辟刀五枚，適成，先以一與五官將，其餘四，吾諸子中有不好武而文學，將以次與之。」[17]又，作《內誡令》云：「百煉利器以辟不祥，攝服奸宄者也。」[18]魏文帝曹丕亦打造「百辟寶劍」，長四尺二寸。[19]蜀漢方面，根據〈蒲元傳〉記載，蒲元曾替諸葛亮於斜谷造刀三千口：

> 鎔金造器，特異常法。刀成，自言漢鈍弱，不任淬用，蜀江爽烈，是謂大金之元精，天分其野。乃命人於成都取之。有一人前至，君以淬刀，言雜涪水，不可用。取水者猶悍言不雜，君以刀畫水云，雜八升，何故言不？取水者方叩頭首伏云，實於涪津渡負倒覆水，懼怖，遂以涪水八升益之。於是咸共驚服，稱為神妙。刀成，以竹筒密內鐵珠滿其中，舉刀斷之，應手靈落，若薙生芻。故稱絕當世，因曰神刀。[20]

製刀專家蒲元鍛造出的刀，能夠劈開裝滿鐵球的竹筒，故被譽為「神刀」；蒲元的冶煉製刀技術，其訣竅是能夠分辨不同水質對淬火質量的影響，把鐵刀鍛煉到適合的硬度。蒲元使用蜀江水鑄刀的情形，表示著魏晉時代對於不同冷卻速度的淬火和成品性能之間的關係已經有一定的水準。吳大帝孫權對於刀劍的製作極注重，據梁陶弘景《古今刀劍錄》所載，曾在「黃武五年（226），採武昌銅鐵，作千口劍，萬口刀，各長三尺九寸。刀頭方，皆是南銅越炭作之，文曰「大吳」，

17　李昉，《太平御覽》，卷三百四十五〈兵部〉。
18　李昉，《太平御覽》，卷三百四十五〈兵部〉，引〈內誡令〉。
19　李昉，《太平御覽》，卷三百四十三〈兵部〉。
20　李昉，《太平御覽》，卷三百四十五〈兵部〉，引〈蒲元傳〉。

小篆書。」[21]蒲元造刀三千口，孫權命作多達萬口鐵刀和千口鐵劍，主要是用於裝備部隊的兵器，但從上述事例中可以發現，三國時代鍛造刀劍技術日趨精良，才能夠製出如此數量龐的刀劍。以百煉鋼製造的格鬥兵器，殺傷效能日益增強，導致防護裝備的變革，更提升防護效能；防護裝備的改進，又促使格鬥、遠射兵器再次演變精良，亦改變整個戰爭、戰術的規模。

到了南北朝時代，冶煉技術又有了突破性的發展，就是「灌鋼法」（團鋼法）的發明。其鍛造法為將把生鐵放在熟鐵中間，封上泥水和草灰漿，然後淬火加熱，經過反覆的鍛打，讓生、熟鐵混合成鋼；或把生鐵熔化成漿，持續淋在熟鐵之上，使兩種鐵混合成鋼。產生出來的新材質，被稱為「宿鐵鋼」。《北齊書・綦母懷文傳》載：

> 造宿鐵刀，其法燒生鐵精以重柔鋌，數宿則成剛。以柔鐵為刀脊，浴以五牲之溺，淬以五牲之脂，斬甲過三十札。今襄國冶家所鑄宿柔鋌，乃其遺法，作刀猶甚快利，不能截三十札也。懷文云：「廣平郡，南幹子城是干將鑄劍處，其土可以瑩刀。[22]

「灌鋼法」由於能夠提高生產力，增加鋼的產量，因此仍沿用至今日。

隨著新格局的開創，隋唐在社會、政治、文化等各個層面皆有可觀的發展，進而促使農業生產的迅速成長，奠定了人民豐足的物質基礎，加上手工業工匠善於繼承並發揚前人的成就，使得在唐朝時出現重大的發展。當時對外無論是交

---

21 陳夢雷，《古今圖書集成》，卷二百八十六〈戎政典〉。
22 李百藥，《北齊書》，卷四十九〈綦母懷文傳〉。

通或是貿易都相當開放且自由頻密，官府及私營的收工業均吸收大量國外的先進工藝技術，尤其在冶鐵、銅器、金銀器等方面，生機蓬勃，創造出許多新產品。這些技術亦融合在兵器的製造過程，致隋唐五代的兵器工藝，成就舉世矚目。

　　隋唐時代的官營手工業很發達，綜合上節所述的各朝負責製造器物的機構來看，兵器的生產規模，皆比兩漢、魏晉南北朝時期來得擴大；此時期主要設有四種機構：少府監、將作監、軍器監和都水監。少府監掌百工匠作，轄下設：中尚署，供應舉行祭祀及各種典禮場合所用的器物及服飾等。左尚署，供應天子和皇室用的各種車、扇、傘、蓋等。右尚署，供應天子用的鞍轡以及政府各部門的帳、刀、劍、斧、鉞、甲、冑…等。織染署，供應皇室及為官員的冠冕組綬及織紝、色染、錦羅紗、縠綾、紬絁、絹布等。掌冶署，供應冶鐵、熔鑄鋼鐵器物。此外，少府監還管理各地的煉冶及鑄錢的各機構。將作監掌土木工程之政，下設：左校署（木工）、右校署（土工）、中校署（舟車等工）、甄官署（石工和陶工）。甄官署是北朝以來常設的機構，主要負責業務為石窟的營建（北齊在甄官署下設有石窟丞），墳墓前的碑碣、石人、石獸、墳墓中的陶俑明器。將作監下並附採木的五個監。軍器監是職掌繕治甲弩兵器，下設弩坊及甲坊兩署。都水監負責水利，掌川澤津梁渠堰陂池之政。

　　以上的官辦手工業依其業務性質可分為五大項：一、土木建築，包括都邑、官室、陵墓、河渠及軍事防禦工程。二、供皇家日常生活及典禮儀節時所需用的各種器物。三、各種軍器，例如：甲冑、鞍轡、弓箭等。四、貨幣及一部分銅器。五、官府壟斷的手工業，例如：鹽、鐵、銅，甚至茶葉等。

兵器工業在如此嚴密的組織之下發展，得以前進，再加上國家的統一，社會的穩定和經濟、文化的高度繁榮以及中外經濟、文化交流的日益頻繁，而獲得了長足的進步和巨大的發展。各式兵器門類品種齊全，工藝技巧高超，均超越了以往各代。

　　唐朝負責制造盔甲的部門是「甲坊署」，同時，在北都軍器監，亦製造盔甲，成品則存入武庫。以上單位生產的護體器具，其中鐵甲的製造是相當耗費工時。製甲工序如下：首先將鐵製成甲片，之後打剳、粗磨、穿孔、錯穴、並裁剳、錯稜、精磨等步驟。鐵甲片加工完畢後，再以皮革條編綴成甲。鐵甲裏頭還要掛上襯裏，防止磨損穿戴者的皮膚。根據日本延長五年（927）仿效唐朝制度編纂的《延禧式》卷四十九〈兵庫寮〉，製造出一副鐵甲，需要一百九十二個到二百五十六個工作日。修理一副盔甲，需要四十一名工匠。[23]可見程序繁複。

　　唐朝的盔甲，按《新唐書·馬燧傳》的記載：「造鎧必短長三制，稱士所衣，以便進趨」，[24]可知唐鎧分爲大、中、小三種尺寸規格，士兵領取盔甲時，按體形來發放。但此種重裝鐵甲相當重，所以在挑擇兵員體格時，其中一個重要的條件就是「勝衣甲」，一個穿著盔甲卻無法行動的士兵，必然是不適合從事兵役。另外，唐朝盔甲技術中有使用一種類似逸聞的材質；根據《新唐書·徐商傳》中提到：「商表處山東寬鄉，置備征軍，凡千人，襞紙爲鎧，勁矢不能洞」，[25]河中節

23　《延禧式》，卷四十九〈兵庫寮〉。
24　歐陽修、宋祁，《新唐書》，卷一百五十五〈馬燧傳〉。
25　歐陽修、宋祁，《新唐書》，卷一百十三〈馬燧傳〉。

度使徐商在山東寬鄉徵調兵員的時候，曾經襞紙爲甲，儘管文中記載此種紙甲能夠防禦弓箭，但現今兵器專家多認爲它毫無抵禦能力，它唯一的功能大概就是催眠士兵心態。

　　與兵器工業最相關的就是採礦業，隋唐時代的採礦業相當發達，且品類繁多，產品主要有金、銀、銅、鐵、錫、鉛及丹砂。以上之礦產多分佈在河南、安徽、江蘇、浙江和江西等地，以銅礦最多，達到一百四十六個礦產區，銀礦與鐵礦亦逾百餘區。除開採金屬礦產外，還開發非金屬礦，例如：廣東的煤礦、甘肅玉門的油礦。兵器有了基礎的礦產後，就需要經過冶鑄與熱處理。此時期的冶煉規模產品數量、品種及質量明顯提升，技術更加純熟，不但生產了大量的工具、兵器、生活用具等金屬器物，而且生產了大型的銅鐵器，以及精巧美麗的金銀器，大量滿足社會各階層、軍方與統治者對金屬器的需要。隋唐時期的兵器都經過淬火、回火的處理，目的在提高錫、鋼鐵等的強度及可塑性，並降低硬脆度。

附圖一　唐代各地礦產圖

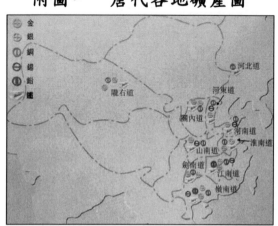

圖片來源：劉煒主編，《隋唐 ── 帝國新秩序》（香港：商務書局，2002），頁 81。

　　五代十國時期，由於各政權統治時間不長，在兵器工業與技術發展上，主要有猛火油用於作戰與弩機的改進。早在南北朝北周時，突厥軍隊圍攻酒泉，北周軍隊利用玉門縣出產的石脂水（石油），焚燒敵軍的戰具，保全了酒泉城，此種燃料在五代稱之為猛火油或火油。後梁貞明三年（917），吳國派遣使者向契丹皇帝耶律阿保機送上猛火油，並談到出兵攻城時，「以此油然火，焚樓櫓，敵以水沃之，火愈熾。」胡三省引《南蕃志》稱猛火油出產於占城國（今越南中南部），該國在水上作戰十時，用猛火油焚燒敵船。[26]貞明五年（919）後梁與晉王李存勗在德勝城（今中國海南清豐）爭奪戰中，雙方水軍在黃河上交戰，晉軍自上游「以木罌載薪，沃油然火」，[27]順黃河水往下漂流，在柴草上面澆油，可引起大火對敵軍造成重大的傷害。

　　除了占城猛火油外，還有從大食（伊朗）國進入的火油。貞明五年（919），吳與吳越國水軍交戰，吳越國利用火油，燃燒對方的船艦，因此得到勝利。根據《吳越備史》，卷二〈文穆王〉的記載：「火油得之海南大食國，以鐵筒發之，水沃，其燄彌盛。武肅王以銀飾其筒口，脫為賊中所得，必剝銀而棄其筒，則火油不為賊有。」[28]這表明吳越國對怎麼利用火油作戰，以及防止火油落入敵人手中，皆經過相當深入的研究。

　　在弩機技術改良的方面，朱全忠初鎮汴州，選拔富家身體強壯的子弟，擔任親衛軍，稱之為「廳子都」。這支軍隊戰

---

26 司馬光，《資治通鑑》，卷二百六十九〈後梁紀〉，梁均王貞明三年。
27 司馬光，《資治通鑑》，卷二百七十〈後梁紀〉，梁均王貞明五年。
28 范坰、李禹，《吳越備史》，卷二〈文穆王〉。

鬥力強盛，使用「弩張一大機，則十二小機皆發；用連珠大箭，無遠不及」，[29]晉軍對此非常懼怕。顯德三年（956），後周大將趙匡胤進攻南唐壽州城時，「城上發連弩射之，矢大如屋椽」。[30]以上這些弩機的連續發射和巨大弓箭，說明了五代十國時期，在弩機弓箭的製造技術，有著明顯十足的發展。

　　之後中國煉鋼方法雖然仍舊不斷改進，例如：明代的「串聯炒鋼爐」等；但製煉刀、劍的技術卻未見精進，甚至隨著火器的被廣大使用，而漸漸失傳。今天廣大的愛刀人士，遠赴亞搜購所謂的「大馬士革鋼」刀劍，並且把它當作是歐陸製刃的奇蹟或獨特的技術；殊不知，此種技術中國早在戰國時代就已經有了。根據考古學中確認，中國人的祖先早在五十萬年前，已經知道如何用火；四萬年前，就能將赤鐵礦從大自然中辨認出來；六千年前，已經能熟練的使火達到 1230 度的高溫；三千多年前，中國人高超的鍊銅技術，更爲製鐵工程奠下紮實的基礎。因此三千四百多年前，雖只能直接使用隕鐵製造器械的刃部，但在短短的三百年不到的西周年代，就會使用一種「低溫還原鐵法」煉鋼，時稱「塊煉鐵」。當時鐵礦在加溫還原後產生的成品式鐵和渣混雜在一起的固體，因此要破壞爐子，掏出鐵塊，再多次加溫，反覆錘打，才能變成可用的鐵，費工費時，品質較差。戰國初期(約兩千六百年前)，中國出現了不必破壞爐子，且可自然分離鐵和渣的「高溫還原法」，也就是所謂的「高爐生鐵」（鑄鐵），大大的改良了鐵的品質。這段時間，爲了能使生鐵的可用性提高，中國又獨創了一種煉鋼方法，叫做「生鐵脫炭鋼」，就是使生

29　薛居正，《舊五代史》，卷六十四〈王晏球傳〉，引《清異錄》。
30　司馬光，《資治通鑑》，卷二百九十三〈後周紀〉，周世宗顯德五年。

鐵爐火終場時間退火便鋼的技術；因此當時已出現用四、五片不同鐵料一起加溫、摺疊、反覆錘打的兵器；傳說中的干將與莫邪劍上有龜裂紋和水波紋，應該就是當時的作品，也就是現代所謂「積層鋼」的雛形。

　　高雄縣興達港郭常喜先生從事治煉工作凡四十餘年，十餘年前並遠赴日本學藝，結合中日現代科技，將我國這份傲人的鑄劍神技，發揮淋漓盡致，甚至精益求精，凌駕傳統技藝而能自創一格。

　　這神奇的鋼材之所以能使中外人士為之深深著迷，因為一、其「鋒利維持力」、「易磨度」、「強韌度」、「耐磨損力」、「抗銹蝕力」以及「耐衝撞力」都超過一般鍛造鋼製品，更是所謂不銹鋼所不能比擬。二、其反覆疊打、層層介面形成的自然花紋，或水波或捲雲，炫麗夢幻、變化萬千，而且可藉由製程的改變，巧妙控制預設的圖案；此種原創性十足的藝術極品，正是中外刀劍收藏家的最愛。

附錄五　中國歷代著名兵器表

史前時代

品　　名	持有者	形　制　與　介　紹
首山之銅	黃帝	《史記‧黃帝本記》：「黃帝以天文古字題銘，採首山之銅鑄造。」
畫影騰空	顓頊高陽氏	顓頊高陽氏所有。
菊之戲	黃帝	《軒轅黃帝傳》曾載：「黃帝以就菊之戲訓練士兵」。

夏商時代

品　　名	持有者	形　制　與　介　紹
禹劍	大禹	夏禹所鑄，劍腹上刻二十八宿面文明星晨，背記山川，藏之會稽山。
啓劍	夏王啓	夏王啓以銅鑄造，長三尺九寸，而後藏之秦望山。
太康銅劍	夏王太康	《古今刀劍錄》：「夏，啓子太康辛卯三月春鑄一銅劍上有八方，面長三尺二寸，頭方。」
夾劍	商王孔甲	《古今刀劍錄》：「商、孔甲九年歲次甲辰採牛首山鐵鑄一劍，銘曰『夾』，長四尺一寸。」

定光劍	商王太甲	《古今刀劍錄》:「商、殷太甲四年歲次甲子鑄一劍,長二尺,銘曰『定光』。」
照膽劍	商王武丁	《古今刀劍錄》:「商、武丁元年歲次戊午鑄一劍,長三尺,銘曰『照膽』。」
含光、承景、脊練		列子曰:「衛周孔其得殷之寶劍,童子服之卻三軍之眾,一曰『含光』、二曰『承景』、三曰『脊練』。」

周　代

品　　名	持有者	形　制　與　介　紹
五獄五劍	周紹王	《古今刀劍錄》:「周紹王瑕二年歲次壬五籌五劍,各投五獄,銘曰『鎮獄尙方』。」(古文篆書)
干將、莫邪	吳王闔盧	《吳越春秋》載吳王闔盧「使干將作二劍,其妻莫邪斷髮剪爪投爐中,劍成,雄號干將,爲花紋鋼之平面花紋,劍上有龜紋;雌號莫邪。劍上有漫冶(水波紋)。」
越五劍		湛盧、純鈞、勝邪、魚腸、干將此五劍,乃越歐冶子以銅、錫鑄造。
越八劍	越王八劍	掩日、斷水、轉魄、懸剪、驚霓、滅魂、卻邪、真剛等八劍,乃越王使工人採金鑄造。
龍淵、太阿、工布	楚王	《越絕書》載:楚王聞吳有干將,越有歐冶子,命風胡子往見之使作鐵劍,因成劍三枚。劍上皆有漫冶(水波紋)。
		此時期另有:「駿、豪曹、屬樓、步光、扁諸、吳王光劍、吳王夫差劍、越王勾踐劍、越王、宛馮、鄧師、堂溪、墨陽、合、屬頸、被山、錕鋙、辟間、靈寶、赤刀、

		含章、素質、百煉、青犢、漏影、清剛、楊文、龍鱗、徐氏」等刀劍。

秦漢時代

品　　名	持有者	形　制　與　介　紹
誠劍	秦昭王	《古今刀劍錄》：「秦昭王稷元年歲次丙午鑄一劍，長三尺，銘曰『誠』。」
北祇銅劍	秦始皇	《古今刀劍錄》：「秦始皇三年歲次丁己採北祇銅鑄，長三尺六寸。」
神劍	漢太公	神劍為漢太公所得。
赤霄劍	漢高祖	《古今刀劍錄》：「前漢劉季始皇三十四年於南山得一鐵劍，長三尺六寸，銘曰『赤霄』及貴常服之此即斬蛇劍也。」後在晉武庫大火中焚燬。
神龜三劍	漢文帝	《古今刀劍錄》：「漢文帝恆初元十六年歲次庚午鑄三劍，長三尺六寸，銘曰『神龜』。帝崩後，命入玄武宮。」
八服劍	漢武帝	《古今刀劍錄》：「漢武帝徹元光五年歲次以己鑄八劍，長三尺六寸，銘曰『八服』。嵩恆、霍華、泰山五嶽皆埋之。」
茂陵劍	漢昭帝	昭帝時茂陵人獻一寶劍故名。
毛、貴二劍	漢宣帝	《古今刀劍錄》：「漢宣帝詢本始四年鑄二劍，長尺一寸，一曰『毛』，一曰『貴』。」
衍劍	漢平帝	
神勝萬里伏劍	王莽	《古今刀劍錄》：「漢王莽建國五年歲次庚午造威斗及欽定神劍皆鏈五色石為之，銘曰『神勝萬里伏』，長三尺六寸。」

三國兩晉南北朝一

魏 晉 南 北 朝 帝 王 之 刀 劍

魏武帝曹操，建安二十年，於幽谷得一劍，長三尺六寸，上有金字，銘曰「孟德」，王常服之。

齊王芳，正始六年，鑄一劍，常服之。無故自失，但有空匣如故。後有禪代之事，兆始於此，尋爲司馬氏所廢。

蜀主劉備，章武元年，歲次辛丑，採金牛山鐵，鑄八劍，各長三尺六寸。一備自服，一與太子禪，一與梁王理，一與魯王永，一與諸葛亮，一與關羽，一與張飛，一與趙雲。並是亮書，皆作風角，處所有令，稱（蒲）元造刀五萬口，皆連環及刃口，列七十二鍊柄中，通之兼有二字。房子容曰：唐人尙書郎李章武本名方古，貞元季年，爲東平帥，李師古判官因理第，掘得逼劍，上有章武字方古。《博物志》張茂先亦曰：蜀相諸葛孔明所佩劍也，乃改名「師古」，爲奏，請爲「章武」焉，蓋蜀主八劍之一也。

後主禪，延熙二年，造一大劍，長一丈二尺。鎮劍口山，往往人見光輝，後人求之不獲。

吳王孫權，黃武五年，採武昌銅鐵，作千口劍，萬口刀，各長三尺九寸。刀頭方，皆是南銅越炭作之，文曰「大吳」，小篆書。又赤烏年中，有人得「淮陰侯韓信劍」，帝以賜周瑜。

孫亮，建興二年，鑄一劍，文曰「流光」，小篆書。

孫皓，建衡元年，鑄一劍，文曰「皇帝吳王」，小篆書。

晉武帝司馬炎，咸寧元年，造八千口刀，銘曰「司馬」。

懷帝熾，永嘉元年造一劍，長五尺，銘曰「步光」，小篆書。

成帝衍，咸和元年，造十三口刀，銘曰「興國」。

穆帝聃，永和五年於房山造五口劍，銘曰「五方單符」，隸書。

孝武帝昌明，大元元年，於華山頂埋一劍，銘曰「神劍」，隸

書。

宋武帝劉裕，永初元年，鑄一刀，銘其背曰「定國」，小篆書，長四尺，後入於梁。

少帝義符，景平元年，造一刀，銘曰「五色」，小篆書。

後廢帝昱，元徽二年，於蔣山頂造一劍，銘曰「永昌」，篆書。

順帝準，昇明元年，掘得一刀，銘曰「上血」，其刀照一室。帝奇之，至二年七月，帝使楊玉候織女，玉候女不得，懼死，用以弒帝，果如銘。故知吉凶其徵先見矣。

齊高帝蕭道成，建元二年，造一刀，銘曰「定業」，長五尺，篆書，自制之。

明帝鸞，建武二年，造一刀，銘曰「朝儀」，長四尺，小篆書。

梁武帝蕭衍，天監二年即位，至普通中，歲在庚子，命弘景造神劍十三口，用金、銀、銅、鐵、錫五色合為之，長短各依劍術法，文曰「服之者永治四方」，並小篆書。

五 胡 十 六 國 刀 劍

前趙劉淵，元熙二年，造一刀，長三尺九寸，文曰「滅賊」，隸書。

後趙石勒，建平二年，造一刀，用五百金，工用萬人，頭尖三尺六寸，銘曰建平，隸書。勒未貴時，耕地得一刀，銘曰「石氏昌」，篆書。

石季龍，建武十四年，造一刀，長五尺，銘曰「皇帝石氏」，隸書。

後蜀李雄，晏平元年，造刀五百口，文曰「騰馬」，隸書。

前涼張寔，造刀百口，無故刀盡失，文曰「霸」。

後魏昭成帝拓跋犍，建國元年，於赤冶城鑄刺刀十口，金鏤赤冶字。

道武帝珪，登國元年，於嵩阿鑄一劍，銘曰「鎮山」，隸書。

　　明元帝嗣，泰常元年，造一劍，長四尺，銘背曰「**太常**」。至真君元年，有道士繼天師白，爲帝造劍，長三尺六寸，隸書。因改元真君。

　　宣武帝恪，景明元年，於白鹿山造一刀，文曰「**白鹿**」，隸書。

　　前秦符堅，甘露四年，造一刀，用五千工，銘曰「**神術**」，隸書。

　　前燕慕容（人雋），元璽元年，造二十八口刀，銘曰「**二十八將**」，隸書。

　　後燕慕容垂，建興元年，造二刀，長七尺，一雄一雌，隸書。若別處之，則鳴。

　　後秦姚萇，建初元年，造一刀，銘曰「**中山**」，長三尺七寸，隸書。

　　西秦乞伏國仁，建義三年，造一刀，銘曰「**建義**」，隸書。

　　後涼呂光，麟嘉元年，造一刀，銘背曰「**麟嘉**」，長三尺六寸。

　　南涼禿髮烏孤，太初三年，造一刀，狹小，長二尺五寸，青色。匠人曰：當作之時，夢見一人被朱服，云：吾是太乙神，來看汝作云！此刀有獻必鳴，後落突厥可汗所有也。

　　南燕慕容玄明，建平元年，作刀四口，文曰「**建平**」，隸書。

　　西京李暠，永建元年，造珠碧刀一口，銘曰「**百勝**」，隸書。

　　北涼沮渠蒙遜，永安三年，造刀百口，銘曰「**永安**」，隸書。夏州赫連勃勃，龍昇二年，造五口刀，背刃有龍雀環，兼金鏤作一龍形，長三尺九寸，銘曰「**古之利器**」。吳楚湛盧，大夏龍雀，名冠神都，可以懷遠，可以柔邇，如風靡草，威服九區。宋王劉裕破長安，得此刀，後入於梁。

三國名將刀劍

〈吳將刀〉

周瑜，作南郡太守，造一刀，背上有「蕩寇將軍」字，八分書。

周幼年擊曹公，勝，拜平虜將軍，因造一刀，銘背曰「幼平」。

蔣欽，拜列郡司馬，造一刀，文曰「司馬」，隸書。

董元成，少果勇，自打鐵作一刀。後討黃祖於蒙衝河，元成引刀斷衝頭為二流，拜大司馬，號「斷蒙刀」。

潘文，拜偏將軍，為擒關羽，拜固陵太守，因造一刀，銘曰「固陵」。

朱理君，少受征討，黃武中，累功拜安國將軍，作一佩刀，文曰「安國」。

〈蜀將刀〉

關羽，為先主所重，不惜身命，自採都山鐵為二刀，銘曰「萬」、「人」。及羽敗，羽惜刀，投之水中。

張飛，初拜新亭侯，自命匠鍊赤朱山鐵為一刀，銘曰「新亭侯，蜀大將也」。後被范疆殺，將此刀入於吳。

諸葛亮，定黔中，從青石祠過，遂抽刀刺山，投刀不拔而去，行人莫測。

黃忠，漢先主定南郡得一刀，赤如血，於漢中擊夏侯軍，一日之中，手刃百數。

〈魏將刀〉

鍾會，克蜀，於成都土中得一刀，文曰「太一」。會死，入帳下王伯昇，伯昇後渡江，刀遂飛入水。

鄧艾，年十二，曾讀陳太丘碑，碑下掘得一刀，黑如漆，長三尺餘。刀上常有氣淒淒然，時人以為神物。

郭淮，於太原得一刀，文曰「宜為將」。後遂為將軍，及與蜀將戰，敗，失此刀。

王雙，曾於市中買得一刀，賣人曰：得之者貴。因不見。雙後佩之，為魏將，後與曹真一刀換也。

三國兩晉南北朝二

品　名	持有者	形　制　與　介　紹
百辟刀 （百鍊剛刀）	曹丕與 曹操諸子	曹操曾於《百辟刀令》中云：「百煉利器，以辟不祥，攝服奸宄者也。往歲作百辟刀五枚適成，先以一與五官將。其餘四，吾諸子中有不好武而好文學者，將以次與之。」百辟刀，屬於百鍊鋼技術製作而成。
七尺大刀	陳　安	「七尺大刀」（約 1.6 公尺）之稱，《晉書》曾載陳安在陝中持「七尺大刀」奮戰的情形：「安與壯士十餘騎於陝中格戰，安左手奮七尺大刀，右手執丈八蛇矛，近交則刀矛俱發，輒害五六；遠則雙帶鞬服，左右馳射而走。」故隴上之人歌頌陳安曰：「隴上壯士有陳安，軀幹雖小腹中寬，愛養將士同心肝。勗騧父馬鐵瑕鞍，七尺大刀奮如湍，丈八蛇矛左右盤，十盪十決無當前。」可見得，當時的騎兵戰中，「馳馬運刀（七尺大刀），所向披靡」。除了紋飾和刀身的變化外，從東晉開始，環首鐵刀的刀鋒端開始加長，使刀尖微上翹，狹直的斜方刀頭正向前銳後斜狀過渡，刀柄改作圓鑿狀，用以插裝長柄。
大夏龍雀 （百鍊剛刀）	赫連勃勃	十六國夏的赫連勃勃曾經造百鍊剛刀，爲龍雀大環，號曰「大夏龍雀」，銘其背曰：「古之利器，吳楚湛盧。大夏龍雀，

		名冠神都。可以懷遠，可以柔逋。如風靡草，威服九區。」
王 髦 劍	曹 丕	三國時代，名鑄劍人王髦所製。曹丕任太子時，為楊脩所贈予。
大珠鹿盧劍		鹿盧劍又稱為背手劍、秦王劍、宇宙鋒。傳說是秦始皇所配的一把絕世寶劍，劍長約四尺多，鋒利無比。南朝宋時，被認為持有者能夠得到「嘉祥」之運，且價值萬餘錢。其形制，晉灼曾曰：「古長劍，首以玉作井鹿盧形，上刻木作山形，如蓮花初生未敷時。今大劍木首，其狀似此。」
管涔山神劍	劉 曜	劉曜曾因事藏匿於管涔山。一日，有二童子入跪曰：「管涔王使小臣奉謁趙皇帝，獻劍一口。」此神劍長二尺，光澤非常，赤玉為室，背上有銘曰：「神劍御，除毒。」劍隨四時而變為五色。
汲冢銅劍		晉太康二年，汲郡人不準盜挖魏襄王墓，有人說是安釐王冢，冢中得銅劍一把，長二尺五寸，漆書皆科斗字。
龍 泉 劍 太 阿 劍	張 華 雷 煥	張華曾命雷煥為豐城令，為其尋求寶劍。煥於城中挖到雙劍，分別為龍泉與太阿。煥遣使送一劍與華，留一自佩。後來張華被誅，劍於是遺失。煥卒，子華為州從事，持劍行經延平津，劍忽於腰間躍出墮水；華命人入水尋找，沒見到劍，只見兩龍各長數丈，蟠縈有文章，尋者害怕而返回岸上。兩劍遂失。

漢高祖 斬白蛇劍		西晉時，漢高祖的斬白蛇劍仍存放在武庫中，後武庫遭逢大火，張華見劍穿屋而飛，不知去向。
兩刃矛	公孫瓚	白馬將軍公孫瓚，曾被鮮卑騎兵所圍困，瓚手持兩刃矛應敵，矛柄兩端各安置矛頭，不安鐏，殺傷數十人，於是得以脫險。
丈八蛇矛	陳安	《晉書》曾載：「丈八蛇矛」，矛長為一丈八尺（約 4 公尺）。陳安與壯士十餘騎於陝中格戰，左手拿七尺大刀，右手執丈八蛇矛，所向無敵。隴上人曾歌頌曰：「七尺大刀奮如湍，丈八蛇矛左右盤，十盪十決，無當前。」可知其使用方式。
兩刃矟 （折樹矟）	羊侃	《梁書》曾載：「少府奏新造兩刃矟成，長二丈四尺，圍一尺三寸，高祖因賜侃馬，令試之。侃執矟上馬，左右擊刺，特盡其妙，高祖善之。」當時觀看羊侃使槊的人很多，多到有人攀登樹上去看，梁武帝就說：「此樹必為侍中折矣」(時羊侃任侍中)。果然樹木因登樹人多而折斷，故兩刃矟亦稱為「折樹矟」。
黑矟	于栗磾	劉裕北伐時，曾致信給于栗磾，其題書曰「黑矟公麾下」。栗磾以狀表聞，太宗許之，因授黑矟將軍，栗磾好持黑矟以自標，裕望而異之，故有是語。當時矟上的裝飾品為幡，北魏皇室禁軍所用的槊採烏黑顏色，綴接黑幡。
桓王矟	拓跋虔	拓跋虔在戰場上，以矟刺人，遂貫而高

		舉。時人譽之爲「桓王矟」。
大　矟	蔡道恭	《梁書》曾載：「（蔡道恭）多作大槊，長二丈五尺，施長刃，使壯士刺魏人登城者。」此時的矟已經有二丈四尺和二丈五尺之長（約 5.3 公尺至 5.5 公尺），由於矟柄加長，又在馬上運用，所以需要較高的技巧，表現出騎兵戰技的精進；同時長矟也運用在守城戰，刺擊欲登城牆者。
雙鐵戟	典　韋	三國時期的典韋爲用戟的高手，好持雙大戟，軍中謠諺：「帳下壯士有典君，提一雙戟八十斤（一隻戟約 8~9 公斤）」，且在戰場上「以長戟左右擊之，一插入，輒十餘矛摧。」
連　弩（元戎）	諸葛亮	蜀漢的諸葛亮曾製造連弩，一次可以發射十隻八寸長的鐵弩箭，《魏氏春秋》載：「損益連弩，謂之元戎，以鐵爲矢，矢長八寸，一弩十矢俱發。」魏國馬鈞則對元戎（連弩）發表其意見，認爲：「巧則巧矣，未盡善也」，「言作之可令加五倍」。內容是說諸葛亮的連弩還有其發展空間，因此吳國更發展出神鋒弩，射程可達三公里，一次可貫穿三匹馬。
霜明朱弓	杜　嶷	《南史》載：「嶷膂力絕人，便馬善射，一日中戰七八合。所佩霜明朱弓四石餘力（射程約 252 公尺），斑絲纏矟長二丈五，同心敢死士百七十人。每出殺傷數百人，敵人憚之，號爲杜彪。」

衛 王 弓	拓 跋 儀	拓跋儀「膂力過人，弓力將十石（射程約 630 公尺）」，因此被世人譽爲「衛王弓」，與「桓王矟」齊名。
狂 弩 大 弓	奚 康 生	北魏名將奚康生用「強弓大箭望樓射窗，扉開即入，應箭而斃。彼民見箭，皆云狂弩。」後康生任南青州刺史時，南梁蕭衍聞其能引強弓，所以特製強弓送予康生：「特作大弓兩張，送與康生。康生得弓，便會集文武，乃用平射，猶有餘力。其弓長八尺，把中圍尺二寸，箭粗殆如今之長笛，觀者以爲希世絕倫。弓即表送，置之武庫。」
神 弩 萬 鈞 弩 神 鋒 弩		盧循嘗「遣十餘艦來拔石頭柵，公命神弩射之，發輒摧陷，循乃止不復攻柵。」劉裕「軍中多萬鈞神弩，所至莫不摧陷。」南齊魚復侯蕭子響「將萬鈞弩三四張，宿江堤上。」南梁的楊公則曾經登上城樓，觀察戰況，望見敵軍大將麾蓋，「縱神鋒弩射之，矢貫胡牀，左右皆失色。」《北史》曾載：「城置萬人，給強弩十二牀，武三百乘。弩一牀給牛六頭，武一乘給牛二頭。」從上述可知，強弩以牀（床）論，需配置六條牛，來供運輸射擊之用，而一座城置萬人，只配十二牀強弩，可見尚未普遍使用，它應是唐宋時期流行的車弩或床弩前身。
金花獅子盾		魏晉南北朝出土的陶俑，常見手持飾獅子花紋圖案的大盾，稱爲「金花獅子

		盾」。
黑　光　鎧		黑光鎧與玄甲有關，曹丕的《廣陵作》中提到：「觀兵臨江水，水流何湯湯！戈矛成山林，玄甲耀日光。」諸葛亮在北伐時，曾擄獲魏軍玄鎧五千領。
明　光　鎧		明光鎧，該鎧胸前、背後兩面各有金屬圓護，在光線照射下，會發出明光而得名。
兩　當　鎧		兩當即為裲襠，《釋名》載：「裲襠，其一當胸，其一當背也。」當胸和當背，總共兩當，在肩上用帶子將兩當扣聯，腰間用腹帶繫上。
環　鎖　鎧		環鎖鎧，形狀如連在一起的鎖鏈，箭弩射不穿，《晉書》曾載：「如連鎖，射不可入。」此鎧原流行於西域，曹魏時傳入中原。
馬　　鎧		馬鎧為保護戰馬的裝備，漢代已有使用，但僅是皮革製成的「當胸」。直到東漢末年，騎兵使用的馬鎧才有了新的發展，日趨完善。
諸　葛　亮箭　袖　鎧		形制為胸背聯綴，在肩膀上有不長的箭袖，鎧甲上刻劃出魚鱗紋，目的在模擬現實生活中使用的魚鱗甲；另外有一些箭袖鎧上刻劃有龜殼紋。而箭袖鎧又名「諸葛亮箭袖鎧」，這種鎧大概在諸葛亮治理蜀國時，就已經在蜀漢軍隊之中所流行，故有此名稱。《宋書》曾載「諸葛亮箭袖鎧帽」，用二十五石弩，射之不能穿入。

隋唐時代

品　　名	持有者	形　制　與　介　紹
拍　刃　刀	闞稜	《舊唐書》載:「闞稜,齊州臨濟人。善用大刀,長一丈,施兩刃,名為拍刃,每一舉,輒斃數人,前無當者。」另據《新唐書》載:「闞稜,伏威邑人也。貌魁雄,善用兩刃刀,其長丈,名曰「拍刀」,一揮殺數人,前無堅對。」
婆利輪刀	婆利國人	《隋書》載婆利:「國人善投輪刀,其大如鏡,中有竅,外鋒如鋸,遠以投人,無不中。」
高昌寶細刀	阿史那社尒	按《新唐書》記載,此刀為高昌國產。
鬱　刃	南詔國人	《新唐書》載:「鑄時以毒藥練冶,取迎躍如星者,凡十年乃成,淬以馬血,以金犀飾鐔首,傷人即死。」
四尺千金劍	王鐸	《劍俠傳》載王鐸所有,後被李龜壽所獲。
火　精　劍	唐德宗	《杜陽雜編》載:「夜見數尺光明,斫鐵即碎。」
鴉　九　劍	張鴉九	唐代詩人白居易在《鴉九劍》詩:「歐冶子死千年後,精靈暗授張鴉九,鴉九鑄劍吳山中,天與日時神借功。」
浪　人　劍	南詔國人	《新唐書》載:「浪人所鑄,故亦名浪劍,王所佩者,傳七世矣。」
朱蒙銛矛	朱蒙	為傳說中古代高句麗朱蒙所有。
鐸　槊	南詔國人	《新唐書》載:「狀如殘刃,有孔傍達,

		出麗水，飾以金，所擊無不洞，夷人尤寶，月以血祭之。」
建陵戟	南詔國人	按《新唐書》記載，此刀為南詔國產。
朱蒙鎖甲	朱蒙	為傳說中古代高句麗朱蒙所有。
玄金山五文鎧	百濟國人	按《新唐書》記載，此鎧為百濟國產，材質以玄金製造。
天王甲	後唐莊宗	《舊五代史》載：「鄴都進天王甲。帝在藩時，有相士言帝如毗沙天王，帝知之，竊喜。及即位，選軍士之魁偉者，被以天王甲，俾居宿衛，因詔諸道造此甲而進之。」
尚方鎧甲	武行德	案《東都事略·武行德傳》：行德陷于契丹，偽請自效，因遣送將校數十人護所取尚方鎧甲還北方。
南詔瞑弓	南詔國人	《新唐書》載：「林上屈兩向而下植，取以為弓，不筋漆而利，名曰瞑弓。」
五牙艦	隋朝	《隋書》載：「造大艦，名曰五牙，上起樓五層，高百餘尺，左右前後置六拍竿，並高五十尺，容戰士八百人，旗幟加於上。」
黃龍艦	隋朝	《隋書》載「黃龍」大艦，可搭載一百名士卒。
隋煬帝龍舟	隋煬帝	根據文獻記載，煬帝巡幸江南所用的龍舟，舟長兩百丈，其上起樓四層，高四十五尺，最上層內設正殿、內殿及東、西朝堂，中間兩層有房一百二十間，皆用金玉裝飾，下層為內侍處室。

翔螭舟	隋煬帝皇后	船型較龍舟小，而裝飾無異。
電逝、雲飛艦	隋朝	《隋書》載：「舟艫千里，高帆電逝，巨艦雲飛，橫斷淇江。」
和舟載艦	唐朝	唐昭宗天復三年（903）時，荊南地區在一次作戰中出動了「舟師十萬」，其中一艘巨艦，製造了「三年而成，制度如府署，謂之和舟載。」
齊山、截海、劈浪艦	唐朝	胡三省為之注曰：「齊山，言其高也；截海，言之長也；劈浪，言其輕疾也。」
旋風砲車	唐朝	設有二輪或四輪，車架上豎立木柱，木柱的頂端架設軸轤，軸的中間穿砲桿，砲桿的長臂一端繫皮巢用以填裝石塊，短臂端繫幾十至百餘條繩索以供眾兵士拉曳，攻城號令一下，眾兵猛拉繩索，在離心力的作用下使石塊拋向遠方目標物。

宋元時代

品　　　名	持有者	形　制　與　介　紹
西番寶劍	張　俊	《宋鑑》載：右相都督張俊請御前降西番寶劍給有功將士以爲激勵。
古銅劍	蘇　軾	
楚銅劍	鄭　文	
	宋　朝	常用軍刀：掉刀、屈刀、掩月刀、戟刀、眉尖刀、鳳嘴刀、軍刀、挾弓刀、雙刀、權刀
斬馬刀		宋神宗時造斬馬刀。
夏人劍	夏　朝	夏刀劍伏良，「夏人劍」更享有「天下第一」的盛譽。
蟠鋼劍		

明　代

品　　名	持有者	形　制　與　介　紹
安定劍	安定王	明初安定王所貴。
	明代刀術	刀術爲明代發展最優之技能，品類極多，有：掩月刀、雙刀、鉤刀、手刀、鉅刀、掉刀、太平刀、定成刀、朝天刀、開天刀、間陳刀、划陣刀、偏刀車刀、匕首、鳳嘴刀、三尖兩刃刀、斬馬刀、鐮刀、苗刀、麋刀、狼刀、屈刀、戟刀、眉峰刀、雁令羽刀、將軍刀、長刀、提刀多爲走跳、虛文、花套手法。
戚家軍刀	戚繼光	戚繼光爲了對抗倭寇，欲改變軍隊裝備的劣勢，開始重新採行鍛鍊刀劍的「包鋼」技術，他仿製日本太刀來鍛造「戚家刀」。此種刀的刀身類似日本武士刀，不過長度要比日本武士刀短小，資料顯示是八十到九十公分左右；而且爲了讓明軍在使用上習慣，刀柄有一個向下的弧度，一般所說是單手的，有的資料也說單雙手皆可操控，這樣使得明軍在兵器上擁有了對抗能力。

清　代

品　　名	持有者	形　制　與　介　紹
努爾哈齊御用寶劍	努爾哈齊	劍刃爲精鋼所制，劍柄、劍鐔有「加官進祿」、「玉兔呈祥」等紋飾圖案，劍鞘分節外包銅皮和鯊魚皮面，另鑲有銅質鍍金螭虎紋和菱形花卉紋飾。
皇太極御用腰刀	皇太極	腰刀爲清太宗皇太極御用兵器，乾隆年間曾用皮條以漢、滿兩體文字豎書「太宗皇帝御用腰刀一把，原在盛京尊藏」十七個字。刀形似樸刀，刃部鋒利，鋼質極優，並鑄有雙鋒線。刀柄用皮帶纏繞，柄首爲銅質鏤空龍紋。刀鞘爲鯊魚皮製成，有固定銅環二個、銅箍四個，在每個銅箍上均透雕鏤空龍紋。
順治御用腰刀	順　治	嵌珊瑚假珠石鍍金玲瓏腰刀。
金龍雲紋大閱甲	康　熙	明黃緞繡平金龍雲紋大閱甲專供康熙皇帝檢閱八旗軍隊時穿用。
遏必隆腰刀	遏必隆	刀鞘外蒙綠鯊魚皮，紫色刀套。刀面鑴：「遏必隆玲瓏刀一，乾隆十三年賜經略大學士公傅恆平定金川用過」；另一面刻「咸豐」印一方，並「神鋒握勝」四字。此刀最早的持有者爲康熙初年輔政四大臣之一的遏必隆，刀因人而得名。遏必隆死後，刀入宮中。乾隆十二年（1747），第一次金川之戰爆發，遏必隆之孫，時任保和殿大學士、吏部尙書等要職的訥

		親以經略大臣的身份率兵出征，兵敗，乾隆怒奪其職，派大學士傅恆取而代之，並賜遏必隆刀。乾隆十四年（1749），乾隆帝命傅恆在軍前用遏必隆刀將訥親正法。1851 年，太平天國革命爆發，咸豐帝派大學士賽尚阿爲欽差大臣率軍出征，行前，特賜遏必隆刀，以壯軍威。然而遏必隆刀並未給戰局帶來轉機，不久，賽尚阿也因指揮不利被奪職。
乾隆天字一號「煉精」刀	乾　　隆	《皇朝禮器圖式》記載：「乾隆十三年，欽定大閱佩刀，煉鐵爲之，通長二尺七寸七分。刃長二尺三寸，闊一寸五分，右銀，橫爲天字一號，縱爲煉精，皆隸書。左橫爲乾隆年制，亦隸書，下爲鼓冶鑄刀形。鐔爲金盤，厚二分，周飾紅寶石、綠松石、青金石，相間各四，外衛珍珠。柄長四寸五分，木制，纏明黃絲。末鑽鐵塗金，周飾紅寶石、綠松石、青金石三道，衛珍珠，系明黃，中飾綠松石。室長二尺五寸，木制，飾金桃皮。珌皆金花紋，飾紅寶石、綠松石、青金石各一，中橫束金二道，飾亦如之。背爲金提梁，左右各飾紅寶石四，青金石二，綠松石二，系明黃，屬於金環，加革版懸之。版亦飾金。」
乾隆地字一號「出雲」劍	乾　　隆	據《造辦處活計檔》記載，從乾隆十三年（1748）始至乾隆二十二年（1757）訖，清宮造辦處共造御用刀、劍各 30 把，

| | | 此為「地」字號劍中的第一把。此種刀劍，主要為乾隆皇帝收藏和賞玩。其工藝精良，裝飾華美，是寶劍中之上品。劍柄木質，纏黃絲絛，劍革及柄頭亦為鐵鋄金。劍身鋼質，刃底部鑲嵌金、銀、銅三絲組成的圖案：一面為隸書「地字一號」及劍銘「出雲」；另一面為隸書「乾隆年制」及與本劍劍銘含意相吻合的圖像。 |